WILLIAM L. COLEMAN

Wenn Kinder andere Wege gehen

edition TROBISCH

WILLIAM L. COLEMAN

Wenn Kinder andere Wege gehen

Rat für verletzte Eltern

edition TROBISCH

William L. Coleman, Bestseller-Autor, ist ein Fachmann für Familienangelegenheiten. Er ist ein beliebter Redner bei Konferenzen und Seminaren.

Erschienen unter dem Titel: Parents with broken hearts

Published by Fleming H. Revell
a division of Baker Book House Company
P.O. Box 6287, Grand Rapids, MI 49516-6287

Übersetzung: Barbara Mogel

hänssler-Edition TROBISCH
Bestell-Nr. 854.173
ISBN 3-7751-9173-9

Internet: www.haenssler.de
E-Mail: info@haenssler.de
Titelfoto: Bildagentur Mauritius
Umschlaggestaltung: Carmen Knoll
Satz: AbSatz, Klein Nordende
Druck und Bindung: Ebner Ulm
Printed in Germany

INHALT

DANK

Eltern im Schmerz sind gewöhnlich mehr als bereit, anderen zu helfen, denen es ähnlich geht. Alle Eltern, die ich darum gebeten habe, etwas beizutragen, haben zugestimmt. Sie wissen, wie lähmend, wie unverständlich und tief ein Verlust sein kann.

Ich habe die Namen und die Ereignisse verändert, um die Beteiligten zu schützen. Die Beispiele und die Zitate entsprechen der Wahrheit, sind aber leicht abgewandelt.

Eltern sind am Boden zerstört, wenn sich ihre (halberwachsenen) Kinder im Zorn von ihnen abwenden – ganz gleich, ob dieser Zustand ein paar Wochen oder einige Jahre andauert. Sie sind sprachlos und haben Mühe, sich wieder zurecht zu finden.

Dieses Buch will beschreiben, was in diesem Prozess vor sich geht, und es will Hoffnung für die Zukunft wecken. Hoffnung gibt es in jedem Umfang und in jeder denkbaren Dosierung. Sie muss regelmäßig konsumiert werden.

Ich möchte die Hilfe durch die »Compassionate Friends« nennen. Diese Eltern, die ein Kind durch den Tod verloren haben, haben mir zu einem erweiterten Horizont verholfen, wenn es um Verlust und Heilung geht.

Auf der professionellen Ebene bin ich meinem guten Freund, Dr. Paul Welter aus Kearney, Nebraska, für seine Hilfe sehr verbunden. Seiner Mitarbeit verdanke ich einige wichtige Erkenntnisse, obwohl er nicht für das Resultat verantwortlich gemacht werden kann.

Ein Elternteil mit gebrochenem Herzen braucht als Gegenüber jemand mit gleichen Erlebnissen. Ich hoffe, dass es uns gelingt, Sie zu erreichen und uns gegenseitig zu helfen.

1. So etwas kann uns nicht passieren

Wenn Eltern in der ersten Zeit ihr Neugeborenes anschauen, ist es für sie unvorstellbar, dass es mit diesem Schatz einmal Schwierigkeiten geben könnte. Kein Gedanke an Rebellion, Regelüberschreitungen oder sogar Trennung von ihnen.

Auf der Entbindungsstation denken Eltern nicht an Telefonanrufe, die sie zum Rektor der Schule bestellen, an das Blaulicht der Polizei, schlaflose Nächte oder an Berge von Bierflaschen.

Ihre Gedanken kreisen auch nicht um ungewollte Schwangerschaften, Haschisch in Jeanstaschen oder zweifelhafte Freunde, die vor der Tür warten, um ihr Kind irgendwohin abzuschleppen. Sie können sich nicht vorstellen, in einem Gerichtssaal sitzen zu müssen, im Wartezimmer von Therapeuten oder einer Klinik, um herauszufinden, wo und wann die Entwicklungen außer Kontrolle geraten sind!

Einige Eltern werden nie mit derart dunklen und angstmachenden Situationen konfrontiert werden, aber viel zu viele finden sich genau dort wieder. Es bricht ihnen das Herz! Sie leiden fortwährend – und gleichzeitig geht das zerstörerische Verhalten der jungen Erwachsenen weiter. Es kann Jahre oder sogar Jahrzehnte andauern.

Diese Eltern sind wegen der Ereignisse tief verletzt und völlig fassungslos und zerbrechen sich den Kopf darüber, welche Faktoren zu diesem Verhalten ihres Kindes geführt haben.

Welche Reaktion wäre in dieser Lage angemessen? Sollten sie sich schuldig fühlen, resigniert, wütend, rachsüchtig, deprimiert?

Sollten sie weiterhin versuchen, ihrem Kind zu helfen, auch wenn das »Kind« mittlerweile dreißig Jahre alt ist? Oder sollten sie einfach versuchen zu vergessen, was geschehen ist?

Wie können Eltern mit gebrochenem Herzen wieder Hoffnung bekommen, neuen Lebensmut und Heilung? Wie können sie anfangen, das Geschehen zu akzeptieren und sich in den kommenden Jahren trotzdem ein erfüllendes Leben vorzustellen, auf das man hinarbeiten kann?

Eltern mit gebrochenem Herzen geht es ähnlich wie den Überlebenden von Autounfällen oder anderen Tragödien:

- Sie fragen sich, warum gerade ihnen das passiert ist.
- Sie fragen sich, wer Schuld daran sein könnte.
- Sie fragen sich, ob es jemals wieder Hoffnung für sie geben wird.
- Sie sorgen sich um ihre anderen Kinder oder ihre Enkel.
- Sie verlieren viel von ihrer Lebensenergie.

Eltern, die sich mit den üblichen Problemen ihrer heranwachsenden Kinder auseinander setzen müssen, gehören zu *einer* Gruppe. Sie diskutieren, verhandeln, setzen Grenzen und kämpfen um Veränderungen. Sie vereint ein ständig erhöhter Adrenalinspiegel und die Herausforderung, einen schon abfahrenden Zug bremsen zu wollen: ihre jugendlichen Nachkommen.

Es wurde schon viel geschrieben, um solchen bedrängten Eltern zu helfen, damit sie durchhalten und die Oberhand im Getümmel behalten können.

Eltern mit gebrochenem Herzen bilden eine weitere Gruppe. Für sie sind die täglichen Auseinandersetzungen vielleicht schon vorbei. Ihr Kind ist schon zu Hause ausgezogen, es könnte verheiratet sein oder ein Kind haben. Es könnte im Gefängnis sein, drogen- oder alkoholabhängig. Möglicherweise macht es die Eltern für seine Situation verantwortlich, während es aber weiterhin finanzielle Unterstützung braucht. Manche Heranwachsenden halten es nie lange bei einer Arbeitsstelle aus. Sie lehnen den Glauben ab, der ihnen als Kind nahe gebracht wurde. Es gibt wenig Hilfe für Eltern, die sich mit diesen Problemen auseinander setzen müssen.

Manche Eltern müssen alles verkraften, was hier genannt ist, manche nur einige der genannten Situationen, wieder andere bittere Enttäuschungen. Das Besondere bei diesen Eltern ist, dass ihre Kinder die eigentlichen Stürme der Pubertät hinter sich haben. Sie leben bereits die komplizierten Folgen der vergangenen Teenagerjahre, in denen sie falsche Entscheidungen getroffen haben. Wie können Eltern es aushalten, mit diesen misslungenen und schmerzlichen Ergebnissen zu leben?

Ron und Linda berichten von ihrer Tochter, Renee, die mit siebzehn Jahren schwanger wurde. Sie wollte das Kind behalten, trennte sich aber von dem Vater. Natürlich gab es viele tränenreiche Aussprachen mit der ganzen Familie, in denen immer wieder besprochen wurde, wie sich alles entwickelt hatte und was zu unternehmen wäre.

Nach vielen Gesprächen mit Freunden und auch mit einem Therapeuten kam Renee zu der Erkenntnis, dass ihre Eltern an ihrer Schwangerschaft schuld waren. Sie erklärte, dass ihre Eltern es versäumt hätten, sie gründlich über Verhütungsmittel zu informieren und dass ihr Vater wegen seiner Arbeit oft zu lange unterwegs gewesen wäre. Folglich hätten ihre Eltern die Verantwortung für ihren Zustand. Der Therapeut ermutigte sie, ihren Eltern diese Anklage mitzuteilen.

Inzwischen ist Renee mit einem anderen Mann verheiratet und hat ein zweites Kind. Ab und zu trifft sie sich mit ihren Eltern zu familiären Anlässen, aber man kann nicht behaupten, dass sie eine enge, herzliche Beziehung zu ihnen hätte.

»Wie sollen wir uns verhalten?«, fragte Ron in unserem Gespräch. »Es ist sehr schwierig, zusammen Weihnachten zu feiern in dem Bewusstsein, dass sie uns die Schuld an ihrer Lage gibt. Sie bekommt keine vernünftige Arbeitsstelle, weil sie keine Ausbildung hat. Sie sind ständig in Geldnot. Sind wir verpflichtet, sie finanziell zu unterstützen, weil wir ihr nicht sämtliche Verhütungsmittel erklärt haben? Jeder Besuch bei uns ist Spannung pur.«

Abgesehen von der Frage, wem die Schuld zu geben ist, muss geklärt werden, wie die Eltern ihr eigenes Leben weiterführen können.

Sollten sie auf Grund der Beschuldigung zu ewigen Gewissensbissen verurteilt sein? Wäre finanzielle Unterstützung eine Lösung, damit sich alle besser fühlen? Könnte man mit Hilfe einer Familientherapie die gegenseitige Ablehnung verringern? Wäre es möglich, die ganze Angelegenheit aus dem Bewusstsein zu verbannen und so zu tun, als ob nichts geschehen wäre? Oder sind die Eltern dazu verurteilt, für den Rest ihres Lebens mit »gebrochenem Herzen« zu leben?

Gefangen in den Nachwirkungen

»Er lebt fünfzehn Minuten von hier entfernt.« Connie deutete in die östliche Richtung. »Ab und zu kommt er hier vorbei.« Ihr Sohn Daniel ist zweiunddreißig Jahre alt und seit seinen Teenager-Jahren Alkoholiker. Er hält sich mit Gelegenheitsarbeit über Wasser, aber die Stellen sind immer schwerer zu bekommen, und er hält es immer weniger lang aus.

»Ich bin lange darüber hinweg, mir die ganze Schuld an seiner Situation zu geben«, fuhr sie fort, »mein Problem ist, dass ich nicht weiß, wie es weitergehen soll. Wenn ich seine Miete nicht bezahlen würde, hätte man ihm längst gekündigt. Ich möchte nicht, dass er wieder hier wohnt. Aber ich kann ihn doch nicht einfach aufgeben. Es ist so ähnlich wie ständige Zahnschmerzen, nur schlimmer. Der Schmerz ist täglich vorhanden und er hört nie auf.«

Hat Connie die dauerhafte Verpflichtung, ihrem »Kind« zu helfen? Wie könnte sie z. B. Geld für Obdachlose spenden, wenn ihr Sohn es ebenso nötig hätte?

Millionen von Eltern sind gefangen in den Nachwirkungen einer zerrüttenden oder sogar katastrophalen Entwicklung der vorangegangenen Erziehungsjahre. Manche Eltern trennen sich, nachdem das letzte Kind aus dem Haus ist, weil sie mit ihren Gefühlen füreinander nicht mehr zurechtkommen. Ein Elternteil möchte verfügbar bleiben und dem »verirrten« Kind weiterhin helfen. Der andere Teil ist eher für komplettes Loslassen, damit das erwachsene Kind lernt, Konsequenzen zu tragen. Beide schleppen durch die Jahre auch die Last möglicher falscher Entscheidungen: »Wer sagte was und wann?« »Hätten wir damals doch so und so gehandelt!«

Psychologisch und geistlich angeschlagen, haben zwei völlig ausgelaugte Partner nicht mehr die Kraft, ihre Ehe am Leben zu erhalten.

Geistliche Wunden

Eine große Anzahl von Eltern erleben auch geistliche Auswirkungen der Situation. Sie haben für ihre Kinder gebetet. Sie haben ihre Kinder taufen oder segnen lassen. Millionen haben versucht, ihnen geistliche Anleitung und Anregung zu geben – entweder zu Hause oder in der Gemeinde, oder beides.

Sie haben Bedenken, es laut zu äußern, aber innerlich fragen sie sich: »Wo war Gott, als das alles passierte? Warum hat er nicht eingegriffen und unseren leichtsinnigen Bengel gebremst, als es noch Zeit war?«

Wer helfen will, gebrochene Herzen zu heilen, muss sich immer auch mit Enttäuschung und geistlichem Schmerz auseinandersetzen.

Die Bibel macht uns Hoffnung, wenn unsere Seele tief verletzt ist. Gott hat versprochen, uns dann besonders nahe zu sein und zu helfen. Wir werden diese geistliche Ebene später noch ausführlich betrachten.

Wenn wir uns durch den Heilungsprozess hindurcharbeiten, können wir die Zusage Gottes aus Psalm 34,18 in Anspruch nehmen:

»Wenn die Gerechten schreien, so hört der Herr und errettet sie aus all ihrer Not.«

Manche haben vielleicht im Lauf der Zeit schon viele »geistliche Übungen« hinter sich und sind unzufrieden mit dem Ergebnis. Diejenigen bitte ich, erst mal diese Verheißung auf sich wirken zu lassen.

Im weiteren Verlauf des Buches werden wir uns mit den Schwierigkeiten des Glaubens, die die meisten von uns immer wieder erleben, ausführlich beschäftigen (siehe Kapitel 16).

Die Frage nach dem »Warum?«

Es ist eigentlich völlig undenkbar, dass in unserer Familie diese Probleme entstanden sind. Wir haben Verständnis, wenn durch Alkoholabhängigkeit, Missbrauch, Ehebruch, Drogen, Haftstrafen und Vernachlässigung Eltern große Schwierigkeiten mit ihren Kindern bekommen. Aber bei uns?

Viele von uns waren verlässliche Eltern, die ihre Familie gut versorgt haben. Wir haben Ausflüge gemacht, fast alle Schulveranstaltungen besucht, darauf geachtet, dass die Kinder gute Schuhe hatten. Wir waren natürlich nicht perfekt, aber wir dachten eigentlich, dass wir im Großen und Ganzen die richtige Mischung aller nötigen Zutaten beisammen hatten.

Wir haben bei den Hausaufgaben geholfen, Elternabende besucht und unsere Kinder ermutigt und unterstützt, wo es nur ging.

Die meisten von uns haben Bücher über Erziehung gelesen oder sogar Seminare zu dem Thema besucht, um sich weiterzubilden. Wir haben uns um Konsequenz bemüht, haben Grenzen gesetzt, und uns auch nicht gescheut »Nein« zu sagen, wenn wir es für nötig hielten. Es ist nicht nachvollziehbar, dass wir mit unserer Erziehung komplett versagt haben sollen. Wir verdienen vielleicht keine »Eins«, aber es war auch keine »Fünf«. Dennoch zeigt sich bei der Notenvergabe, dass das Ergebnis nichts anderes als eine »Sechs« ist.

Mary sagt: »Ich habe sicher nicht mit Auszeichnung bestanden, aber einige Verdienste habe ich mir schon erworben. Ich war für sie da. Ich habe mir Mühe gegeben. Ich habe oft meine eigenen Interessen zurückgestellt. Dennoch tut meine Tochter, als wäre ich ein Ungeheuer. Sie steht immer noch auf Kriegsfuß mit mir.

Natürlich bin ich nicht total unschuldig an allem, aber ich kann mich auch nicht verdammen, und alles nur auf mich nehmen. An jedem zweiten Tag wechseln sich diese beiden Sichtweisen in mir ab und machen mir zu schaffen. Das ist ein schrecklicher Zustand.«

Manche Eltern mit gebrochenem Herzen sehen mit sehr viel Bitterkeit auf ihr zukünftiges Leben. Sie brüten deprimiert über dem, was sie als großes oder größtes Versagen ihres Lebens empfinden. Auch wenn die Beziehung zu ihren anderen Kindern in Ordnung ist, kommen sie über den Verlust des einen kaum hinweg.

Wir sind aber froh darüber, auch Eltern zu erleben, die den Rest ihres Lebens zuversichtlich einschätzen. Es ist ihnen gelungen, wieder zu hoffen und Heilung in Gang zu bringen. Es wird ein Riss in ihrem Herzen bleiben, aber sie haben inneren Frieden gefunden und auch Beschäftigungen, die ihr eigenes Leben wieder lebenswert und erfreulich scheinen lassen.

Hoffnung und Heilung ist für alle Eltern möglich, deren Herzen gebrochen sind.

Ihnen schwirrt der Kopf, wenn sie versuchen, all die verschiedenen Probleme zu sortieren? Wir wünschen, dass es mit jedem Kapitel etwas besser gelingt, Licht in die jeweiligen Situationen zu bringen.

2. Nicht allein

»Glücklicherweise stand die gesamte Gemeindeleitung hinter mir«, erklärte ein Pfarrer, dessen Sohn inzwischen bei der Armee war.

»Mein Sohn war in so ziemlich alles verwickelt. Er stahl, er wurde von der Schule verwiesen. Während einer Jugendfreizeit der Gemeinde geriet er in Schwierigkeiten. Wenn es irgendwo Probleme gab, war er garantiert mittendrin.

Anfangs habe ich befürchtet, in der Gemeinde würde man mir die Schuld geben, dabei war ich selbst schon enttäuscht genug über mich.

Ich konnte mir nicht vorstellen, dass sie einen Pfarrer behalten wollten, der mit seinem Teenager nicht fertig wurde. Stattdessen wurden wir umso mehr geliebt.«

Ähnliche Situationen sind gar nicht so selten. Viele christliche Eltern müssen mit ansehen, wie ihre Kinder Entscheidungen treffen, die sie vernichten könnten. Dieses Wissen ändert die schrecklichen Fakten nicht im Geringsten, aber es macht deutlich, wie »normal« wir sind. Eltern mit gebrochenem Herzen sind Mitglieder einer großen und vielfältigen Gemeinschaft. Manche von ihnen sind so freundlich, gewissenhaft und hingegeben, wie man es sich nur wünschen kann.

Sie sind völlig sprachlos und verwirrt über die Entscheidungen ihrer Kinder.

Dem Evangelisten Billy Sunday und seiner Frau »Ma« Sunday ging es so mit ihren beiden Söhnen, George und Billy junior.

George lebte in Kalifornien und verbrachte seine Zeit vorwiegend mit Alkohol und Frauen. Er wurde zu einer gewissen traurigen Berühmtheit, weil er die Gewohnheit hatte, sein Lincoln-Cabrio voll Frauen zu laden und damit den Hollywood-Boulevard auf und ab zu fahren. Im Alter von ca. achtunddreißig Jahren stürzte er sich aus dem siebenten Stock eines Hauses zu Tode, wobei offen blieb, ob er gestoßen wurde oder selbst sprang.

Billy jr. hatte sich ebenfalls dem »wilden Leben« verschrieben. Nach einer durchzechten Nacht fuhr er mit dem Auto gegen einen Telefonmast in Palm Springs, Kalifornien und war auf der Stelle tot. Wir erfahren bei diesen beiden Geschichten nichts über das häusliche Leben der Sundays. Die Eltern können wunderbar gewesen sein oder schrecklich. Höchstwahrscheinlich lagen ihre Fähigkeiten als Eltern irgendwo in der Mitte, wie bei den meisten von uns.

Aber wie ist es mit den biblischen Ermahnungen, die die meisten von uns mitbekommen haben und an die wir glauben? »Gewöhne einen Knaben an seinen Weg, so lässt er auch nicht davon, wenn er alt wird« (Sprüche 22,6).

Viele Eltern verstehen diesen Vers so, dass sie ärgerlich auf Gott werden. Sie sind der Meinung, dass Gott ein Versprechen gegeben und es nicht gehalten hat. Hier geht es aber nicht um Ursache und Wirkung, sondern um einen Grundsatz bzw. eine Aussage der Weisheit. Normalerweise geschieht Erziehung auf diese Art, aber es ist keinesfalls eine Garantie. Die wäre nur gegeben, wenn Gott dem Kind seinen Willen nehmen würde. Jeder von uns kann wählen, welche Art Person er sein möchte, unabhängig vom familiären Hintergrund.

Schauen Sie auf einige Familienmuster in der Bibel, und sie werden im Nu einige Ungereimtheiten entdecken.

König Hiskia war ein Mann Gottes, aber sein Sohn Manasse war böse. Erst spät in seinem Leben tat er Buße und diente dem Herrn. Als er starb, wurde sein Sohn Amon im Alter von zweiundzwanzig Jahren König. Amon begann sofort mit den gleichen schlimmen Dingen, die sein Vater Manasse früher getan hatte. In der Bibel heißt es: »Aber er demütigte sich nicht vor dem Herrn, wie sich sein Vater Manasse gedemütigt hatte, sondern häufte noch mehr Schuld auf sich« (2. Chronik 33,23).

Wo ist die Garantie in diesen Abläufen? Jede Generation und jeder einzelne Mensch muss sich selbst für ein Leben mit Gott entscheiden. Viele entscheiden sich dagegen.

Auflehnung und kriminelles Verhalten werden immer als Tragödien angesehen, aber dieses Verhalten ist weder neu noch ungewöhnlich. Die Ur-Sünde war Auflehnung gegen den himmlischen Vater, und bis zu dieser Stunde ist sie vorhanden.

Das Problem erkennen

Wie viele rebellische Jugendliche gibt es heutzutage? Es ist unmöglich, das genau festzustellen, aber es gibt ein paar gesicherte Zahlen, die uns einen Eindruck vermitteln können.

Jährlich geschieht Folgendes unter Teenagern in den USA:

- eine Million läuft von zu Hause fort;
- zwei Millionen werden festgenommen;
- einhunderttausend werden in psychiatrische Kliniken eingewiesen;
- eine Million wird schwanger;
- eine halbe Million Jugendliche tragen das Kind aus.

Auch ein oberflächlicher Betrachter käme zu der Ansicht, dass das nur die Spitze des Eisbergs ist. Millionen anderer Teenager sind in Schwierigkeiten, ohne jemals in der Statistik zu landen. Diese Zahlen sagen auch nichts über die Verzweiflung der beteiligten Familien aus. Die meisten Eltern-Kind-Konflikte betreffen Bereiche, die nichts mit Gesetzesübertretungen zu tun haben. Diese Probleme erscheinen in keinem Polizeibericht:

- Junge Erwachsene, die ihre Eltern nie anrufen, ihnen schreiben oder sie besuchen.
- Teenager sagen zu ihren Eltern, dass sie sie hassen.
- Junge Erwachsene lehnen den Glauben ab.
- Junge Leute werden zu Alkoholikern.
- Junge Erwachsene heiraten Partner, die sie missbrauchen.
- Junge Leute bestehlen ihre Eltern.
- Kinder sind Mitglieder von Sekten geworden.
- Erwachsene Kinder leben nur für Drogen.
- Söhne zahlen keinen Unterhalt für ihre Kinder.

- Geschwister können sich nicht ausstehen.
- Erwachsene Kinder, denen gesagt wurde, dass alle ihre Probleme durch die Eltern verursacht wurden.
- Schweigende Kinder, die nie über ihre Enttäuschungen sprechen.

Das ist nur eine einfache Aufzählung. Einige Eltern erleben eine Kombination dieser Verhaltensweisen. Andere Situationen können einmalig oder selten sein. Insgesamt kann man sagen, dass die Zahl der betroffenen Familien unglaublich hoch ist.

Ein Vater drückte es kürzlich so aus: »Es ist nicht normal, dass Eltern ein gebrochenes Herz haben, aber es ist auf jeden Fall nichts Außergewöhnliches.« Es ist nicht üblich zuzugeben, dass wir Schwierigkeiten mit unseren Kindern haben. Das habe ich folgendermaßen herausgefunden: Während eines Seminars in Kanada fragte ich: »Wie viele von Ihnen haben Schwierigkeiten mit Ihren Kindern?« Niemand hob die Hand. Ich war enttäuscht, aber nicht geschockt. Aus reiner Frustration sagte ich dann: »Mir scheint, als wäre ich hier der Einzige, der Schwierigkeiten mit seinen Teenagern hat.« Sofort erhoben sich überall im Raum die Hände. Diese Eltern hatten Probleme, aber sie waren nicht bereit, es zuzugeben, bevor ich selbst es auch zugeben konnte. Im Normalfall werden Eltern diese Art von Information nicht weitergeben, weil sie nur mit Verurteilung oder Belehrung rechnen. Wenn aber jemand ähnliche Erfahrungen macht, sind sie bereit, sich zu öffnen.

Stellen Sie sich folgende Frage: Wie lange würde es dauern, bis Sie sechs Namen von Eltern beisammen haben, die wegen ihrer Kinder ein gebrochenes Herz haben? Denken Sie an Ihre Gemeinde, Ihre Arbeitskollegen oder Ihre Nachbarschaft. Die meisten von uns würden keine fünf Minuten brauchen, bis ihnen genügend Eltern einfallen, die in dem gleichen Boot sitzen.

Suche nach Verständnis

Es kann hilfreich sein, einen gut durchdachten Vortrag über Theorie und Lösungsmöglichkeiten bei elterlichem Schmerz zu hören, aber meistens ist das nicht genug. Die meisten betroffenen Eltern suchen nach jemandem, der ihre Gefühle versteht.

Jemand, der:

- mehr als eine schlaflose Nacht hinter sich hat;
- dessen Träume sich in Nichts aufgelöst haben;
- sich betrogen fühlt von jemandem, den er oder sie liebt;
- der hilflos zusehen musste, wie Gaben nutzlos verschwendet werden;
- der alles versucht hat;
- der das Gefühl der Verwirrung nicht loswerden kann;
- der mit Schuldgefühlen und Selbstzweifeln gekämpft hat;
- der in dem Versuch, die Dinge zurechtzurücken, etwas Unsinniges getan hat;
- der bei Gott immer wieder um Veränderung gebettelt hat.

Diese und andere Erfahrungen machen uns zu Mitgliedern des gleichen Clubs. Wir alle sind emotional am Boden zerstört und versuchen, uns wieder aufzubauen und unser Leben mutig weiter zu leben. Diese verletzten Seelen sind überall um uns herum. Viele sind bereit zu helfen, während sie dringend nach Hilfe für sich selbst suchen. Es ist schon eine bedeutende Hilfe zu wissen, dass andere unseren Schmerz teilen. Diese Tatsache allein wird die Wunden nicht heilen, aber es ist wichtig zu wissen, dass andere auch verletzt sind. Niemandem von uns ist etwas so Einzigartiges geschehen, dass andere es nicht auch erlebt haben könnten. Gute und hingebungsvolle Eltern, bedeutende Persönlichkeiten haben es schon erlebt, dass feurige Kohlen auf ihr Haupt geladen wurden. Wir sind alle Mitglieder der gleichen menschlichen Spezies, oft auch Glieder am Leib Christi, und müssen die gleichen Verluste und Schmerzen erleiden.

David ist ein besonderes Beispiel eines Vaters, dessen Sohn sich aufgelehnt hat, seinen Eltern das Herz brach und sogar versucht hat, seinen Vater umzubringen.

Absalom, Davids dritter Sohn, zettelte eine Revolution gegen seinen Vater an. Er log und stiftete andere dazu an, den König zu entmachten. Es gelang ihm, eine große Gefolgschaft um sich zu sammeln, und er machte sich selbst zum König. Im Kampf von Absaloms Armee mit König Davids Truppen wurde die Revolution niedergeschlagen und Absaloms Armee fast vernichtet.

Absalom floh auf einem Esel und sein langes Haar verfing sich im Ast einer Eiche. Er hing in der Luft, als Joab, Davids General, ihn entdeckte. Als er den Königssohn sah, nahm er drei Speere und stach sie dem Hilflosen ins Herz. Weitere zehn seiner Gefolgsleute beteiligten sich an dem Mord.

Als David die Neuigkeiten vom Tod seines abtrünnigen Sohnes hörte, sagte er: »Mein Sohn Absalom! Mein Sohn, mein Sohn Absalom! Wollte Gott, ich wäre für dich gestorben! Absalom, mein Sohn, mein Sohn!« (2. Samuel 19, 1).

David hat es verstanden, er weiß, worum es geht. David kann alle Eltern verstehen, die die Hände vors Gesicht schlagen und weinen, »mein Sohn, mein Sohn« oder »meine Tochter, meine Tochter«. Viele Eltern haben ähnliche Erfahrungen gemacht oder kämpfen immer noch mit Problemen, die ihre Kinder verursachen. Wir wollen von ihnen lernen, damit wir ebenso wieder mit Mut und Kraft vorangehen können.

3. Trennung und Verlust

Die meisten Kinder erleben Verlustängste. Sie haben Angst davor, dass ihre Eltern sie z. B. beim Babysitter lassen und nie zurückkehren werden. Erwachsene haben ähnliche Ängste. Wir haben Angst, dass die Menschen, die wir lieben, weggehen, uns ablehnen und nie zurückkehren. Jeder Verlust im Leben ist schwierig, wenn es jemand ist, der uns sehr nahe steht oder dem wir etwas bedeuten. Der Verlust eines Elternteils, eines Ehepartners oder eines Kindes ist eine schreckliche Erfahrung, wenn wir eine liebevolle Beziehung zu ihnen hatten.

Eltern, die ein Kind durch den Tod, durch Ablehnung oder durch Haftstrafen verloren haben, erleben ein äußerst schmerzliches Gefühl der Trennung. Die Einzelheiten der Situationen mögen sehr unterschiedlich sein, aber die Grundstimmung ist das traurige Erlebnis des Verlustes.

Ein Vater erzählte mir einmal: »Die Leute haben immer den Eindruck, dass ich verzweifelt bin, weil mein Sohn in einer Bar arbeitet. Aber ich denke, sie verstehen die Zusammenhänge nicht. Die letzten 15 Jahre habe ich damit verbracht, meinem Sohn nahe zu kommen, aber er hat mich nur abgelehnt. Er hat immer Distanz gehalten, und sein Wesen ist mir fremd geblieben. Es hat für mich keine Bedeutung, wo er arbeitet, aber unsere innere Trennung schmerzt mich fast täglich.«

Den Traum aufgeben

Wie haben wir uns unser Kind vorgestellt, während es aufwuchs? Haben wir uns den gut angezogenen Sohn vorgestellt, der gerade eine Auszeichnung bekommt? Haben wir uns den Abend ausgemalt, an dem uns unsere Tochter ihren seltsamen Freund vorstellt? Wie haben wir uns unser zukünftiges Familienleben gedacht? Haben wir von Familienfesten geträumt, bei denen wir bis spät in die Nacht lachend um den Esstisch sitzen würden? Haben wir uns darauf gefreut, mit unseren Enkelkindern zu spielen?

Es ist etwas geschehen, was alle diese Träume schwer erschüttert hat. Tod, Verlassen oder Probleme haben große Löcher in dieses Familienbild gebrannt. Unser Herz ist gebrochen. Wegen des Kindes, wegen der Geschwister, wegen der erweiterten Familie und am allermeisten wegen uns selbst.

»Unvollständig« ist das Wort, das am besten für diese Situationen passt: Ted starb, als er 16 war; Emily ist mit 17 ausgezogen; Richie kam mit 18 ins Gefängnis; Marcia hat sich mit 19 das Leben genommen; Karen ist 20 und lehnt jeden Kontakt mit ihren Eltern ab; Mark lebt das haltlose Leben eines Alkoholikers. In keiner dieser Situationen haben sich die Dinge so entwickelt, wie die Eltern sich das gedacht hatten. Das Familienleben, das Leben des Kindes und das der Eltern ist unvollständig – und es wird möglicherweise immer so bleiben.

Wir wissen nicht mit Sicherheit, was der junge Mensch vorhat. Höchstwahrscheinlich hatten sie oder er es sich auch anders vorgestellt. Was wir auf jeden Fall wissen – Eltern mit gebrochenem Herzen haben andere Erwartungen gehabt. Deshalb ist etwas in ihnen zerbrochen.

Dieser Zerbruch ist etwas, was wir nur verstehen können, wenn wir es selbst erfahren haben. Wenn es um persönlichen Verlust geht, ist es keine Hilfe, etwas über Rotkehlchen zu lesen, die vor ihrem leeren Nest sitzen, oder über Affen, die niemanden mehr haben, der ihnen Gesellschaft leistet. Eltern, denen kürzlich ihre Träume zerstört wurden, fühlen sich, als hätte ihnen jemand in den Magen geboxt. Niemand anders kann ihre Erfahrung des Verlustes wirklich verstehen.

Eltern mit gebrochenem Herzen müssen von anderen Eltern lernen, denen es genauso ging. Professionelle Hilfe kann ihr Wissen erweitern und ihnen den weiteren Weg weisen, deshalb sollten solche Eltern diese in Anspruch nehmen. Aber wenn wir darüber reden, von einem Kind tatsächlich getrennt zu sein, kann das nur jemand verstehen, der das selbst erlebt hat. Ein Vater oder eine Mutter wissen nicht, wie man sich fühlt, wenn man sein 16-jähriges Kind aus dem Haus geworfen hat, außer man hat es tatsächlich getan. Nur ein Vater, der schon zu seiner Tochter gesagt hat: »Es ist mir egal, dass du nicht weißt, wo du unterkommen sollst« weiß, wie man sich dabei fühlt.

Nur Eltern, die es erlebt haben, kennen die Gedanken und Sorgen, die einen in einer schlaflosen Nacht verfolgen, wenn man nicht weiß, wo das eigene Kind ist. Wer kann die Gefühle der Eltern nachvollziehen, die ein letztes Mal die Habseligkeiten des Kindes in Kisten verpacken?

Fast jeder Mensch muss sich hin und wieder mit ernsten Verlusten oder Trennungen auseinander setzen. Wer aber von Kindern getrennt ist, erlebt eine seltsame, unnatürliche Art von Qual und Verzweiflung.

Selbst Eltern, die das durchgemacht haben, können sich nicht immer in andere hineinversetzen. Manche Verluste haben Ähnlichkeiten, aber nie sind zwei Situationen identisch. Jede Familie hat ihre eigenen Abläufe und Verhaltensweisen, so dass es nie totale Übereinstimmung geben kann.

Hier einige Beispiele für Verluste:

Tod eines Kindes. Ein Leben hat diese Erde verlassen. Das Kind wird auf zukünftigen Bildern nie mehr zu sehen sein.

Tod durch Selbstmord. Das Kind ist durch eigenen Entschluss nicht mehr da. Die Gründe dafür können unverständlich sein und sie sind äußerst schmerzlich.

Haftstrafen. Das Kind befindet sich in Haft, in einer psychiatrischen Klinik oder für längere Zeit in einer ähnlichen Einrichtung. Die

Familienmitglieder können von Schuldgefühlen und Verwirrung geplagt werden.

Umzug. Es kann als starker Verlust empfunden werden, wenn das Kind Hunderte von Kilometern weit wegzieht. In diesem Fall jedoch kann der Schmerz durch Besuche gemildert werden.

Ablehnung mit Vorbehalten. Hier wird der Kontakt mit den Eltern gehalten, wenn sie sich so verhalten, wie das Kind es sich vorstellt. Es werden Geld oder Geschenke verlangt, der Lebensstil soll akzeptiert werden, oder es werden andere Manipulationen versucht.

Ablehnung wird ausgelebt. Das Kind vermeidet den Kontakt mit den Eltern weitgehend oder vollständig. Bei den seltenen Besuchen verhält es sich ablehnend, ungeduldig, streitlustig und negativ.

Es gibt noch andere Verluste, auf die wir nicht näher eingehen werden. Bei Ausreißern, Entführungen oder Sektenmitgliedern kommt es zu unterschiedlichen Formen von Schmerz und schmerzlichen Erfahrungen. Jede Situation ist anders und dennoch gibt es auch Gemeinsamkeiten. Wenn wir jemanden lieben und eng mit ihm verbunden sind, leiden wir unter der Trennung, ganz gleich, wodurch sie verursacht wurde. Freiwilliger oder unfreiwilliger Verlust sind zwei Seiten der gleichen Münze und beides ist schwierig zu bewältigen.

Es gibt einen bedeutenden Unterschied zwischen denen, die ein Kind durch den Tod verloren haben und denen, bei denen es zu einer Entfremdung gekommen ist.

Eltern, deren Kind gestorben ist, haben noch die Möglichkeit, sich dessen Zukunft positiv auszumalen. Sie stellen sich vor, dass aus dem Kind ein aufrichtiger, freundlicher, rücksichtsvoller Mensch geworden wäre – was sicher in den meisten Fällen auch zutrifft.

Die Gefühle der »verlassenen Eltern« sind anders. Sie mussten ihre idealistischen Vorstellungen aufgeben. Das Verhalten ihres Kindes erinnert sie ständig daran, dass »aufrichtig, freundlich, rücksichtsvoll« zurzeit nicht zutrifft – und vielleicht niemals zutreffen wird.

Im kleinen Kreis werden manche Eltern zugeben, dass sie nichts gegen einen Umzug ihres Kindes in eine andere Stadt hätten. Sie können nie sicher sein, was als Nächstes passiert – ein Autounfall, Verhaftung, Schwangerschaft, Missbrauch –, ständig müssen sie auf etwas Derartiges gefasst sein.

Diese Eltern haben genug von unangenehmen Überraschungen. Sie haben es satt, ständig ihre Gefühle zu sortieren. Sie sind ausgelaugt, desillusioniert, verzweifelt und voller Schmerz, und sie hoffen, dass das Ganze bald ein Ende hat.

Einige geben zu, dass es eine Erleichterung wäre, wenn ihr Kind sterben würde. Niemand kann dieses Gefühl verstehen, der es nicht selbst durchlebt hat. Viele zerbrochene Eltern haben diese Gefühle gehabt. Sie wollen die Sache abschließen. Wenn nicht zu erwarten ist, dass sich die Situation verbessert, sehnen sie sich insgeheim nach einem Ende des Schmerzes.

Einige Eltern stellen sich *diesen gewissen* Anruf der Polizei oder des Krankenhauses vor. Sie malen sich die letzten, tränenreichen Momente mit ihrem sterbenden Kind aus. In ihrer Vorstellung sind sie an einem Sarg oder einem offenen Grab – einem Ort der Endgültigkeit. Diese Eltern wissen, dass es schwer sein würde, mit den Erinnerungen zu leben, aber sie fühlen sich nicht mehr imstande, mit der Gegenwart zu kämpfen.

Viele Eltern haben schon Folgendes zu sich selbst gesagt: »Ich habe sie in diese Welt gesetzt, und ich werde sie wieder daraus entfernen.« Seien Sie nicht schockiert, wenn Sie schon genau das gedacht haben.

Da ist der Schrei nach einem Ende. Eltern wollen mit ihren Kindern glücklich sein. Sie sind nicht darauf vorbereitet, mit ihnen in einem Dauerkampf zu liegen. Ihr eigenes Kind wurde für sie wie ein entzündeter Zahn: weil sie die Schmerzen nicht länger ertragen können, wünschen sie sich, dass er endlich gezogen wird.

Vor einigen Jahren erschoss ein Geistlicher seinen Sohn, der ein bekannter Musiker war. Von dem Sohn wurde vermutet, dass er sich durch Drogen ruiniert hatte – ein Leben, das das absolute Gegenteil von dem war, was sein Vater für ihn erhofft hatte. Als der Sohn an einem Feiertag nach Hause kam, benutzte sein Vater ein Gewehr, und nahm damit die Verantwortung für das Leben seines erwachsenen Sohnes auf sich. Offensichtlich war er nicht imstande zu akzeptieren, dass sein Sohn ein anderes Wertesystem hatte – und griff deshalb in falscher Weise ein, um das Verhalten seines Kindes zu korrigieren. Glücklicherweise kommen die meisten Eltern noch zur Vernunft, auch wenn sie über drastische Maßnahmen nachdenken.

Eltern müssen verstehen, warum sie in Versuchung sind, so etwas zu denken. Sie möchten nicht, dass andere verletzt werden und sie sind es leid, selbst immer wieder verletzt zu werden. Diese Gefühle sind normal, aber nicht akzeptabel. Der Tod ist nicht die geeignete Lösung, um etwas zu beenden. Unser Gewissen meldet sich hier und erinnert uns daran.

Die Verlorenen und die Verlierer

Trennungen führen häufig zu mehr geistlicher Aufmerksamkeit. Eltern haben den Eindruck, dass ihr Glaube herausgefordert wird. Einige macht diese Erfahrung stärker, andere werden verbittert. Wieder andere sind einfach nur verwirrt. Wir alle sollten uns daran erinnern, dass Gott unsere Lebensumstände genau kennt. In der ganzen Situation hört Gott nicht auf, jeden zu lieben, der daran beteiligt ist. Sowohl die Verlorenen als auch die Verlierer.

Jesus hat uns etwas über Gottes Mitgefühl mit den Verlorenen gelehrt. In Lukas 15 erzählt uns Jesus, dass Gott wie ein Hirte ist, der 99 Schafe zurücklässt, während er nach dem einen sucht, das verloren gegangen ist.

Es gibt keinen Zweifel darüber, dass Gott unser Kind im Blick hat. Egal, wo unser Kind ist und für welche Lebensweise es sich entschieden hat – Gott sucht nach ihm und lädt es ein, zurückzukommen. Trösten Sie sich mit der Tatsache, dass der Herr, der Wächter des Himmels, der Person nachgeht, die wir lieben.

Gott fühlt das Gleiche wie wir. Gott macht oft ebenso wie Eltern die Erfahrung des Verlassenwerdens. Auch sein Herz bricht für das Kind, das verloren ist. Wenn das verlorene Kind zu ihm zurückkommt, wird er darüber in Tränen der Freude ausbrechen. Jesus

Christus ist ebenso betrübt über die, die zerbrochenen Herzens sind. Er reiste zu Maria und Marta, weil ihr Bruder gestorben war. Es war kein Anstandsbesuch für ein Begräbnis. Uns wird gesagt, dass Jesus weinte, weil der Bruder von seinen Schwestern getrennt wurde. Obwohl er wusste, dass sie in Kürze wieder vereint sein würden, war sein Herz von Trauer erfüllt.

Gott ergreift bei Familienstreitigkeiten nicht Partei, er ist auch kein neutraler Schiedsrichter. Der Herr weint für beide. Eltern und Kind sind gleichermaßen Verlierer bei einer Trennung. Gott weiß das und sein Mitgefühl gilt beiden. Unser himmlischer Vater streckt sich nach beiden Seiten gleichzeitig aus – wie eine lange Brücke über den Abgrund.

4. Warum Kinder ihre Eltern verletzen

Kellys Verhalten trieb ihre Mutter zur Verzweiflung. Die Siebzehnjährige rauchte Marihuana, war nächtelang unterwegs und lehnte es ab, vernünftig mit ihren Eltern zu sprechen. Das war mehr, als die Mutter ertragen konnte. Mehr als einmal hatte Kellys Vater versucht, die Situation mit ihr zu klären. Ihre Mutter konnte nicht mehr schlafen, weinte täglich und hatte offensichtlich viel von ihrem Lebenswillen verloren. Wenn ihre Mutter sie so sehr liebt, könnte Kelly dann nicht ihren Lebensstil verändern, damit ihre Mutter wieder zur Ruhe kommt? »Sag ihr, sie soll mich in Ruhe lassen«, war normalerweise Kellys knappe Antwort für den Vater. »Sie ist verrückt, wenn sie sich soviel Sorgen um mich macht. Ich kann auf mich selbst aufpassen. Versuche nicht, mir ihre Probleme aufzudrücken.« Das Mädchen war nicht dumm, ihr war bewusst, dass ihr Vater *und* ihre Mutter litten. Um ihr gegenwärtiges Verhalten zu rechtfertigen, musste Kelly für sich eine Logik entwickeln, die total unlogisch war. Sie musste für sich selbst einige Lügen glauben, um der Wirklichkeit nicht ins Auge sehen zu müssen. Oft ignorieren Teenager die offensichtliche Tatsache, dass sie anderen weh tun. Es ist nicht so, dass sie es nicht wüssten, es ist eher so, dass sie sich nicht darum kümmern. Diese Tatsache mag für erwachsene Leser unverständlich erscheinen. An diesem Punkt ist die Logik der Jugendlichen außerordentlich unreif.

Wir sind wütend, weil die Jugendlichen diejenigen missbrauchen, die sie lieben. Dieser Missbrauch scheint völlig sinnlos. Aber man muss ihn nicht erklären können. Wenn wir nach den Gründen suchen, können wir uns von Logik verabschieden. Wenn wir das nicht tun, wird unsere Suche nach Gründen vergeblich sein.

Wenn ein Teenager, der dabei ist, alles zu zerstören, tatsächlich die Verantwortung dafür übernehmen müsste, würde er sofort damit aufhören. Die Tatsache, dass er es nicht tut, beweist, dass er Verantwortung ablehnt.

Wenn sein Leben ein Nummernrätsel wäre, bei dem die Verbindung von einer Zahl zur nächsten ein Bild ergeben würde, dann gäbe es bei ihm keine Verbindung zwischen den einzelnen Zahlen. Es ist nicht so, dass er die Verbindung nicht herstellen könnte, sondern er entscheidet sich, es nicht zu tun. Ein Beispiel: Der Sohn schnappt sich mitten in der Nacht das Auto der Eltern, dreht einige Runden damit und landet an einem Baum. Das Auto ist schrottreif. Vater und Mutter sind wütend, verletzt und enttäuscht. Der Sohn denkt bei sich: »Wo ist das Problem, sie sind doch versichert. Vater hat genug Geld, er kann sich ein neues Auto leisten. Ich bin unverletzt, warum sind sie so wütend? Ich bin derjenige, der dabei fast draufgegangen wäre!« Wenn er von einer Zahl zur anderen Linien zieht, treffen sie sich nicht überall.

Wenn der Jugendliche alle Punkte miteinander verbinden würde, müsste er sein Verhalten ändern. Deshalb leugnet er, dass sein Verhalten etwas mit dem Problem zu tun hat. Er leugnet Ursache und Wirkung.

Ein junger Mann kam zu mir, weil ihn seine Freundin verlassen hatte. Er hatte mit einem anderen Mädchen geschlafen. »Meine Freundin sagt, sie ist verletzt«, sagte er verteidigend, »sie hat nicht die geringste Ahnung, was meine Bedürfnisse sind. Ich war einsam, das Mädchen war bereit, und ich brauchte dringend jemand. Und darüber regt sich meine Freundin total auf!«

Er verbindet alle Punkte nur mit sich selbst. Er kann keine Linien ziehen, mit denen er auch seine Freundin erreichen würde. In seiner extremen Unreife weigert er sich, diesen Schritt zu tun.

Ein kleines Kind glaubt, die Welt um sich herum bestimmen zu können. In seiner Vorstellung kann es Leute zum Lächeln oder Stirnrunzeln bringen, zum Verschwinden oder Wiederauftauchen. Wird es älter, lernt es die Wechselwirkung der Beziehungen kennen – Menschen beeinflussen sich gegenseitig. Der opponierende Teenager schätzt diese Phase des Lebens nicht und beschließt, Verantwortlichkeit zu ignorieren. Er wendet sich von diesem Lebenskonzept ab und macht sich vor, dass die Gefühle anderer nicht in seinen Verantwortungsbereich gehören.

Selbstsüchtig oder von sich selbst abhängig?

Manchmal gehen wir davon aus, dass alle Teenager grundsätzlich selbstsüchtig sind. Das ist nicht wahr. Millionen Jugendliche haben ihr Leben im Griff und verlieren den anderen dabei nicht aus dem Auge. Einige Teenager scheinen angesichts eigener Bedürfnisse zu versinken, andere schwimmen sehr gut. In diesem Alter gibt es manche eigensüchtige Ansprüche, besonders, wenn sich das neue Selbst zu entfalten beginnt. Aber nicht jeder wird davon total geblendet. Wie bei Erwachsenen gibt es unterschiedliche Grade der Ichbezogenheit.

Der extrem ichbezogene Teenager lehnt es ab, sich soweit herabzulassen, dass er sich Gedanken um andere macht. In diesem Zustand ist er nicht in der Lage, danach zu fragen, was seine Eltern nötig hätten.

»Wünsche, Bedürfnisse – das bin *ich.* Bedürfnisse – damit können nicht Eltern gemeint sein. So viel auf einmal kann ich gedanklich nicht verarbeiten.«

Diese Entscheidungen treffen Teenager für ihre eigenen Zwecke. Jeder entscheidet sich für seinen Weg. Man kann von ihnen nicht erwarten, dass sie ständig sensibel für die Belange ihrer Eltern sind, viele sind es aber zumindest teilweise. Einige bemühen sich sogar sehr, ihre Eltern nicht zu verletzen.

»Es macht mir nichts aus«, behauptete ein Teenager angesichts seiner Gerichtsverhandlung, »damit werde ich schon fertig. Lasst mich einfach in Ruhe.«

Er hatte sich zwei Dinge eingeredet. Erstens: Mich kann nichts verletzen und wenn doch, werde ich allein damit fertig. Zweitens: Ich bin unbesiegbar und werde mit allem fertig.

Das ist die Grundhaltung der Heranwachsenden. Jeder, der mit dieser Altersgruppe zu tun hat, weiß, dass sie so denken und fühlen oder es zumindest behaupten. Man muss ihren Mut und ihre Hartnäckigkeit bewundern.

Problematisch ist, dass sie dieses Selbstgefühl auf ihre Eltern übertragen. Wenn ein Teenager glaubt, er sei unverletzlich, dann sollten die Eltern das Gleiche von sich denken. Wenn er unzerstörbar ist, sind die Eltern es auch.

Warum glaubt er das? Weil es seinen Zwecken am besten dient. Als der Tochter gesagt wird, dass ihre Mutter vor Sorge fast vergeht, antwortet sie: »Sag ihr, sie soll damit aufhören.«

Für sie funktioniert das ausgezeichnet.

Es ist gut, die Jugendlichen spüren zu lassen, dass Sie verletzt sind. Sie brauchen diese Information. Aber seien Sie nicht überrascht, wenn sie ablehnend reagieren und unsensibel bleiben.

Diese Gefühle und Einstellungen sind nicht nur den »Abtrünnigen« vorbehalten. Terri war vierzehn, als sie Christ wurde. Sie ging davon aus, dass ihre Eltern nicht gläubig waren, und in ihrer Gemeinde wurde sie ermutigt, ihre Eltern zu bekehren.

Als Einstieg bekam Terri ein festes Wertesystem vermittelt. Nach Meinung ihrer Gemeindeleiter waren Terris Eltern verloren, hatten keine Ahnung, und mussten von ihrer Tochter gerettet werden. Terri fühlte sich schon vorher unbesiegbar und unverletzlich – jetzt kam dazu, dass sie sich ihren Eltern haushoch überlegen fühlte. Sie wurde in der Gemeinde darin bestärkt, dass sie die Schlüssel für Himmel und Hölle in ihren Händen hielt.

Die Beziehung zwischen Tochter und Eltern wurde immer angespannter. Die Gefühle ihrer Eltern hatten für Terri keine Bedeutung. Sie hatte eine höhere Berufung. Wenn sie nicht auf ihre Lehre hören würden, wären sie für immer verloren.

Jede Denkweise, die Jugendliche dazu ermutigt, die Gefühle ihrer Eltern zu missachten, schafft eine explosive Familiensituation.

Wir sollten Teenager nie dazu ermutigen, die Gefühle ihrer Eltern für unwichtig zu halten. Zu oft werden Eltern unnötig verletzt, wenn Teenager rücksichtslos Ziele verfolgen, die an sich gut sind. Bestimmte Formen der Selbstsucht haben als Ursache tadellose Beweggründe.

Diese Zusammenhänge werden nirgends deutlicher sichtbar als in Scheidungsfamilien. Jugendliche setzen sich nur selten mit dem Schmerz auseinander, in dem ihre Eltern gefangen sind, wenn sie in Scheidung leben. Teenager sind eher davon gefangen, die Auswirkungen der Scheidung auf *ihr* Leben abzuschätzen. »Werden wir weniger Geld haben? Kein Auto mehr? Kann ich noch studieren? Hoffentlich kommt für den Abschlussball nichts dazwischen oder für die anderen wichtigen Ereignisse.«

Der Teenager denkt sich: die Eltern haben die Scheidung ausgelöst – was den Tatsachen entspricht. Wenn das Ganze aber nur Schmerz verursacht, sollte man es absagen. So einfach ist das in seiner Vorstellung. Er hat keine Zeit und schon gar keine emotionale Energie, um den Schmerz seiner Eltern zu verstehen. Es gibt genug Schmerz in seinem eigenen Leben, den er außer Acht lassen müsste, wenn er sich den Bedürfnissen seiner Eltern zuwenden wollte.

Wenn es einem Teenager schon schwer fällt, Mitgefühl für Eltern zu haben, die in einer Scheidung stecken, dann gibt es kaum Hoffnung, dass er auch noch deren Schmerz über seine Rebellion wahrnimmt.

Er müsste erst mal selbst alles auf die Reihe bringen, bevor er Mitgefühl für die Eltern entwickeln könnte. Das ist ein Widerspruch in sich. Man würde sagen: »Warum fängt dieser eigensinnige, trotzige, selbstsüchtige Teenager nicht endlich an, auf die Gefühle seiner Eltern Rücksicht zu nehmen?« Diese beiden Empfindungsweisen führen in ihm ständig Krieg gegeneinander. Wenn dem Teenager die Gefühle seiner Eltern etwas bedeuten würden, sähe er sich gezwungen, sein verantwortungsloses Verhalten aufzugeben.

Hilfestellung für die Eltern

Die Eltern müssen die Situation in den Griff bekommen. In den meisten Fällen ist von den Teenagern wenig Hilfe zu erwarten. Möglicherweise wird von dieser Seite *niemals* Hilfe kommen, aber man kann Schritt für Schritt darangehen, sich mit seinen verletzten Gefühlen auseinander zu setzen.

Reden Sie mit dem Teenager. Setzen Sie nicht voraus, dass die Jugendlichen wüssten, wie verletzt Sie sind. Teilen Sie sich mit. »Ich bin total aufgelöst vor Sorge, wenn du nicht rechtzeitig nach Hause kommst.«

Unternehmen Sie etwas, um das Problem zu verändern. Gehen Sie nicht davon aus, dass die Teenager doch sehen müssten, wie Sie leiden, und dass sie daraufhin ihr Verhalten ändern werden. Das könnte hier und da geschehen, ist aber eher selten. Handeln Sie in aller Deutlichkeit. Begrenzen Sie Privilegien, wie zum Beispiel das »Taxi Mama«. Machen Sie Ihren Standpunkt klar. Eine Party, ein Konzert kann auch mal verboten werden. Geben Sie sich nicht damit zufrieden, ständig verletzt zu werden.

Vermeiden Sie es, zu schmollen und beleidigt zu sein. Selbstmitleid ist keine Hilfe, um Jugendliche zur Umkehr zu bewegen. Eltern mit »blutendem Herzen« erreichen wenig, wenn es um konstruktive Veränderung geht. Wenn Sie Ihren Schmerz deutlich vermittelt haben, versuchen Sie, darüber zu stehen und ansonsten Ihr Leben weiterzuleben. Eltern die beleidigt sind, und ihr Selbstmitleid demonstrieren, werden zu einer hässlichen Erscheinung und erreichen gar nichts.

Setzen Sie andere Ziele. Gehen Sie zurück in Ihren Fitnessclub. Gehen Sie in die Bibelstunde. Bewerben Sie sich für eine Beförderung an Ihrem Arbeitsplatz. Stehen Sie über dem Schmerz und führen Sie Ihr Leben weiter.

»Ich dachte daran, mit meiner Sonntagsschulklasse aufzuhören«, sagte eine Mutter, deren Sohn für sechs Monate im Gefängnis saß. »Ich dachte, dass ich nichts zu lehren hätte. Außerdem – was würden die Eltern der Kinder sagen? Ich bin aber froh, dass ich es nicht getan habe. Ich weiß jetzt, dass Gott Menschen aus unvollkommenen Familien gebraucht.«

Erwarten Sie keine Veränderung. Es vergrößert nur den Schmerz, wenn Sie mit dem hadern, was Sie nicht ändern können. Lassen Sie nicht zu, dass Verletzsein zu Bitterkeit führt. Ein Jugendlicher braucht vielleicht ein Jahrzehnt oder länger, um zu erkennen, wie viel Schmerz er bei seinen Eltern verursacht hat. Vielleicht erkennt er es auch nie. Erwarten Sie nicht, dass sich etwas verändert, bis es tatsächlich geschieht. Sie werden dann angenehm überrascht sein – statt ständig frustriert.

Zwei Dimensionen des Schmerzes

Eltern erwarten, dass sie verletzt werden. Das ist der Preis für intime, vertrauensvolle Beziehungen. Schmerz ist manchmal eine weitere Erscheinungsform der Liebe. Aber wir sind oft verwirrt über die zwei Dimensionen des Schmerzes, den wir durch unsere Kinder erfahren. Erstens verstehen wir nicht, warum ein junger Mensch in dem Leid, das es sich selbst antut, so weit gehen muss. Zweitens: warum muss er oder sie den Eltern über Jahre hinaus Schmerz zufügen, oftmals weit über die Jugendjahre hinaus?

Nicht jedes Problemkind geht bis an die Grenze. Manche leben zwei bis sechs Jahre lang in einer Phase der Überspanntheit, um dann zum normalen Leben zurückzukehren. Eltern mit gebrochenem Herzen haben gewöhnlich ein Kind, das bis zu den äußersten Grenzen gegangen ist. Da es sich weigert, die zerstörerische Haltung aufzugeben, sind die gequälten Eltern oft völlig ausgelaugt.

Dieses Kind nimmt nicht wahr, welchen tiefen Schmerz es verursacht, besonders nicht im Blick auf die Länge der Zeit. Diese zwei Seiten des Schmerzes machen das Heilen der Wunden besonders schwierig.

5. Loslassen

»Ich brauche 500 DM, Papa – und zwar heute noch.« Die zwanzigjährige Tochter stand ziemlich nervös da und ihre Stimme zitterte.

»Du kannst diesmal nicht mit mir rechnen«, sagte ihr Vater entschlossen.

»Du verstehst nicht, worum es geht! Wenn ich das Geld nicht bekomme, muss ich ins Gefängnis.«

Der Vater schaute ihr in die Augen und erwiderte streng: »Ich werde es dir nicht geben.«

Wie kann ein Vater so schroff mit seiner ältesten Tochter reden? Als sie neun war, ging er mit ihr in den Zirkus und in den Zoo oder in den Park. Er kaufte ihr Modeschmuck und Spangen für ihr Haar.

Es war ein langer, verschlungener Weg von den Herzchen-Haarspangen bis zu seiner Ablehnung, Geld zu geben: beschädigte Autos, gestohlenes Geld, nächtelange Trinkgelage, Fortlaufen, beständige Lügen, Gerichtstermine und andere Vorkommnisse, die zu schmerzlich waren, um sich daran zu erinnern.

Wie in den meisten Geschichten, geschah diese Entwicklung nicht übergangslos von Klavierstunden in einer Woche zu Einkerkerung in der nächsten.

Dieser weise Vater hatte sich endlich dazu entschlossen, seine Tochter freizugeben. Anstatt sie immer wieder zu stützen und mit anzusehen, wie es stufenweise bergab ging, entzog er die helfende Hand.

Er war bereit, jeder Art von Lösung der Probleme ins Auge zu sehen.

Als Eltern wissen wir, dass wir loslassen müssen. Die meisten von uns stellen sich das aber unter angenehmen Umständen vor. Wir denken an einen freudigen Anlass: ein Examen, eine Hochzeit, der Umzug in die eigene kleine Wohnung, eine viel versprechende Arbeitsstelle. In unseren Gedanken sind diese Vorgänge mutmachend, hoffnungsvoll und zukunftsweisend.

Wir Eltern haben uns nie träumen lassen, dass das Kind, das wir lieben, einmal von der Polizei abgeführt wird oder dass es eine Drogenkarriere lebt oder dass wir es in der Gesellschaft zweifelhafter Freunde wissen. Wir sind schockiert, enttäuscht und verletzt.

Das Produkt erscheint unvollständig. Wie ein Schrank mit wackligen Türen, quietschenden Scharnieren und rauer, unebener Lackierung – man müsste noch daran arbeiten, und zwar sehr viel.

Aber es kommt eine Zeit, zu der wir keine Wahl mehr haben. Das Produkt verlässt uns, ob wir es für fertig halten oder nicht. Der elterliche »Handwerker« muss sich sagen: »Dieses Kind ist nicht länger in meiner Hand.« Es ist nicht länger von Bedeutung, ob das Produkt rechtzeitig fertig wurde oder nicht. Es marschiert aus unserer Tür, egal in welcher Verfassung.

Den Eltern ist nicht nur das Herz gebrochen, auch ihr Stolz ist verletzt. Vater und Mutter wissen, dass sie es hätten besser machen können. Auf jeden Fall wollten sie es besser machen.

Sie werden gezwungen, sich der Realität zu stellen. Sie schlucken ihren Stolz hinunter und beginnen, sich herauszuhalten. Sie beißen die Zähne zusammen, drehen sich zur Wand und wünschen alles Gute.

Sie fühlen sich wie der Vater des verlorenen Sohnes – und das sind sie auch.

Die Illusion von Kontrolle

Viele von uns dachten, sie könnten ihre Kinder beschützen, sie führen und – wenn nötig – zur Umkehr bewegen. Als unsere Kinder fünf Jahre alt waren, konnten wir sie hochnehmen und nach Hause tragen. Wenn sie im Matsch gespielt haben, konnten wir sie waschen und dafür sorgen, dass sie der Pfütze fernblieben. Eltern von kleinen Kindern haben ein gehöriges Maß an Kontrolle über sie.

»Ich dachte, ich hätte alles Nötige getan«, schrieb ein Vater aus Dallas. »Ich liebe meinen Sohn, ich war an den Wochenenden immer zu Hause. Ich war ein liebevoller Vater, der wusste, was in seinem Leben vor sich ging. Man könnte meinen, dass das ausreicht.

Wenn er in Schwierigkeiten geriet, war ich greifbar und er wurde ermahnt. Es war wie bei einem Auto mit Fernsteuerung: bevor er irgendwo an die Wand fahren konnte, war ich da, um es zu verhindern. Dennoch habe ich im Lauf der Zeit die Kontrolle verloren.

Es kommt eine Zeit – für die einen früher, für die anderen später –, wenn Kontrollen nicht mehr funktionieren.«

Vor kurzem berichtete eine Ernährungsberaterin darüber, wie sie davon träumt, die Essgewohnheiten ihrer Kinder zu bestimmen. Wenn es nach ihr ginge, würden die Kinder sich niemals von Fast-Food ernähren – und sie sorgte mit Nachdruck dafür, dass das auch geschah. Sorgfältig wurden Mengen abgewogen und alle Bestandteile der Mahlzeiten waren genauestens festgelegt.

Als die Kinder das Alter für die Ganztagsschule erreicht hatten, waren sie für die Mittagsmahlzeit bestens versorgt mit rohen Karotten, Brot aus naturbelassenem Weizen und frisch gepressten Säften.

Stellen Sie sich den Kummer der Mutter vor, als bei einem Gespräch mit der Lehrerin herauskam, wie sehr die anderen Kinder diese ausgesuchten Mahlzeiten zu schätzen wussten. Jeden Tag zur Mittagszeit tauschten ihre Kinder den wertvollen, ausgewogenen Inhalt ihrer Brotdosen gegen Kuchen und Pizza aus den Taschen ihrer Freunde.

Ohne Zweifel üben wir Kontrolle aus und das sollte auch so sein. Aber niemanden von uns sollte es überraschen, dass diese Kontrolle zeitlich und von den Möglichkeiten her ziemlich begrenzt ist. Mit jedem weiteren Jahr erreichen unsere Kinder mehr Unabhängigkeit. Wir müssen diese Unabhängigkeit erkennen und akzeptieren – dabei spielt es keine Rolle, ob sie in unseren Augen schon dazu fähig sind oder nicht.

Loslassen, was uns trennt

Es gibt wenig Hoffnung, unsere Eltern-Kind-Beziehungen zu heilen, wenn wir nicht bereit werden, die trennenden Vorkommnisse loszulassen. Eltern müssen sich fragen, ob Geld oder irgendein Ereignis es wert sind, um sich für Jahre oder gar für immer darüber zu entzweien.

»Es geht mir nicht so sehr um das Geld«, bekräftigte eine Mutter in mittleren Jahren, »es geht um das Prinzip. Unsere Tochter hat sich tausend Dollar geliehen, um ihr Auto anzuzahlen. Das war vor vier Jahren. Sie macht Reisen. Sie kauft alles Mögliche. Noch nie hat sie angeboten, mit der Rückzahlung des Geldes zu beginnen. Mir kommt es vor, als hätte mich meine eigene Tochter betrogen.«

Das ist ein häufiges Problem in Familien. Folgendes muss geklärt werden: Sollte die Mutter ihrer Tochter eine Lektion erteilen und mit Nachdruck Jahr für Jahr auf einer Rückzahlung bestehen? Oder sollte sie einen Brief schreiben und die Schulden erlassen? Damit wäre der Weg offen, um sich mit wichtigeren und tieferen Konflikten zu befassen als mit dem Streit um Geld.

Es könnte als ein Akt der Barmherzigkeit verstanden werden, auf das Geld zu verzichten. Bei diesem Zustand der Beziehung kann Barmherzigkeit sehr viel wertvoller sein als das Bestehen auf Wiedergutmachung. Viele Eltern halten aber zäh an ihren Forderungen fest. Das nicht eingehaltene Versprechen, die nicht wiedergebrachten Werkzeuge, das gestohlene Erbstück, die nicht zugegebene Lüge, der versäumte Telefonanruf, die Abwesenheit bei der Geburtstagsfeier oder was auch immer.

Die ablehnende Haltung der Eltern ist verständlich, wenn es um so einschneidende Vorgänge geht. Wir verstehen Eltern, die nicht von ihrer Haltung abrücken wollen. Wir sehen aber auch, welcher Schaden durch eine unnachgiebige Einstellung angerichtet wird. Heilung ist sehr viel wahrscheinlicher, wenn wir das Objekt des Streits freigeben können.

Wenn wir immer wieder darum kämpfen, die Oberhand zu behalten, verschieben wir unter Umständen eine mögliche Annäherung in die ferne Zukunft und es wird immer schwieriger, den – gegenseitigen – Schaden wieder gutzumachen.

Andy hatte die rechte Seite des Autos beschädigt und versprochen, es in Ordnung zu bringen. Er tat es nie. Vielleicht ist es Zeit, Andy einen Brief zu schreiben und die Beule zu beseitigen. Die geistige und geistliche Befreiung von Dingen, Ereignissen und Versprechen ist enorm, ganz gleich, ob man es schriftlich tut oder nur mit sich selbst ins Reine kommt. Der Prozess muss in unserer Seele und unserem Herz beginnen.

Sich demütigen

Eins der größten Hindernisse, um unsere erwachsenen Kinder loszulassen, ist unser Stolz. Ganz gleich, ob sie selbst ausziehen oder wir sie rauswerfen, wir müssen uns in jedem Fall mit unserem Versagen auseinander setzen. Warum hat es nicht funktioniert? Wo haben wir falsch entschieden? Sollten wir nicht noch *eine* weitere Chance geben? Wie werden wir es den Verwandten beibringen? Wie kann sie ganz auf sich allein gestellt, ohne uns, überleben? Es ist sicher nicht gut, diesen unfertigen, kaum volljährigen jungen Menschen auf die Welt loszulassen, mit der Perspektive, dass er Zerstörung anrichtet. Eltern, die loslassen, sollten nicht länger Fragen nach dem Versagen nachhängen, sondern sich auf Annahme einstellen. Wir sagen uns nicht: »Seht mal, wie unfähig ich für diese Aufgabe war.« Stattdessen sehen wir der Tatsache ins Auge, dass es uns nicht möglich war, unser Kind auf den Wegen zu führen, die ihm gut getan hätten. Wir haben es versucht, aber es ist uns nicht gelungen.

Demut ist der Gipfel der Weisheit, wenn es darum geht, loszulassen. Der Stolz sagt uns, dass wir noch Veränderung in der Person bewirken können. Demut ist der Beginn des Fortschritts und die Hoffnung auf eine bessere Zukunft. Wir können nicht – folglich werden wir auch nicht. Das ist der Anfang des Loslassens.

Der Vater des verlorenen Sohnes hat genau diese Entscheidung getroffen. Warum hat er seinen Sohn nicht gezwungen, in seinem Haus zu bleiben? Warum hat er keine Veränderung in seinem Sohn bewirkt? Er konnte es nicht, deshalb tat er es auch nicht.

Petrus erinnert uns daran, dass Gott etwas dagegen hat, wenn wir stolz sind. Aber Gott ist gnädig mit den Demütigen (1. Petrus 5,5). Wenn unser Verhalten von Demut und Einsicht bestimmt ist, sind wir dem Herzen Gottes nah.

Was wird mit unseren Kindern geschehen? Das kann niemand von uns genau wissen. Sie begeben sich vielleicht geradewegs in die Drogenabhängigkeit oder ein Bordell oder in die Kriminalität. Möglicherweise finden sie gute christliche Freunde, einen liebevollen Pfarrer oder einen Spiegel, in dem sie sich gründlich anschauen können. Loslassen bedeutet: *Loslassen – egal wohin.*

Die gute Nachricht dabei ist, dass wir Gott bitten können, mit unserem Sohn oder unserer Tochter auf die Reise zu gehen. Sie werden nicht allein gehen müssen. Das ist die wahre Hoffnung aller gläubigen Eltern. Während dieses Gesprächs mit Gott sagen wir ihm, was wir tun werden. Wir übergeben das erwachsene Kind an unseren himmlischen Vater. Wir nehmen die Realität zur Kenntnis, denn wir sind nicht länger in der Lage, es zu halten, anzuleiten oder zu beschützen. Wir beten: »Bitte sei mit ihm, da, wo wir nicht dabei sein können. Bitte achte du auf das Kind, das wir aus den Augen verlieren. Lass es wissen, dass du es liebst, genauso, wie wir es lieben.«

Wir können nicht länger für sie oder ihn da sein.

Das Gebet ist ein Geschenk, das ein Gläubiger zu geben hat.

Wir raffen uns auf und setzen unseren Glauben, soweit es uns möglich ist, in die Tat um. Wir haben zugeschaut, wie unser Kind den Bus besteigt, dessen Ziel uns unbekannt ist. Wir haben ihm hinterhergewunken und den »großen Schaffner« gebeten, besonders gut Acht zu geben. Jetzt gehen wir langsam weg und hoffen, dass es gute Nachrichten gibt, wenn wir das nächste Mal von ihm hören.

Was haben wir losgelassen?

- Wir haben unseren Traum losgelassen.
- Wir haben die Kontrolle beendet.
- Wir haben unseren Stolz aufgegeben.
- Wir haben unser Kind gehen lassen.
- Wir haben unser Bemühen aufgegeben.
- Wir haben Elternpflichten beendet.

Was haben wir nicht losgelassen?

- Wir haben unsere Liebe nicht aufgegeben.
- Wir haben unseren Glauben nicht aufgegeben.
- Wir haben unseren Schmerz nicht aufgegeben.
- Wir haben nicht alle Hoffnung aufgegeben.
- Wir haben nicht alle guten Erinnerungen aufgegeben.

Erst jetzt sind wir in der Lage aufzustehen und den Herausforderungen der nächsten Lebensphase zu begegnen. Es musste etwas geschehen, bevor wir weitergehen konnten. Wir mussten loslassen.

In Kürze werden wir uns erleichtert fühlen und neue Energie haben.

Unser Lebensmut wird vielleicht nicht mehr der sein, der er war, aber er ist wieder vorhanden.

Wir *mussten* loslassen.

6. Keine Schuldgefühle nähren

Nach Aussage von Victor Frankl muss sich jeder von uns eines Tages mit einer »tragischen Dreiheit« auseinander setzen:

1. Eine gebrochene Beziehung
2. Schuldgefühle
3. Ein begrabener Traum (in unserem Fall – die vereinigte Familie)

Mit diesen Phasen des Lebens wird fast jeder Mensch irgendwann konfrontiert, egal, ob ein Kind aus der Rolle fällt, ob es sich um einen Todesfall oder andere Tragödien handelt. Sie sind nicht angenehm. Wir würden sie gern vermeiden. Aber normalerweise gehören sie zu der Last, die jeder von uns zu tragen hat.

Zu diesem Thema hat uns Hiob am ehesten etwas zu sagen: »... der Mensch erzeugt sich selbst das Unheil, wie Funken hoch emporfliegen« (Hiob 5,7).

Ebenso heißt es bei Hiob: »Der Mensch, vom Weibe geboren, lebt kurze Zeit und ist voll Unruhe« (Hiob 14,1).

Einige von uns können dankbar sein, dass sie bisher mit relativ wenigen Problemen zu kämpfen hatten. Aber Sie können sicher sein, dass schwierige Beziehungen der Normalfall sind.

In einem früheren Kapitel haben wir über die gestörte Beziehung und das Ende eines Traums gesprochen. Die Schuldgefühle sind eine schwierige Angelegenheit. Wenn wir die Tatsache akzeptieren, dass wir ein Gewissen haben, ist es unvermeidbar, sich in der einen oder anderen Sache schuldig zu fühlen. Schuldige Leute fühlen sich schuldig – unschuldige ebenso. Es ist fast unmöglich, eine enge, bedeutungsvolle Beziehung mit jemandem zu haben, ohne dass es hin und wieder zu Schuldgefühlen kommt.

Ich hätte freundlicher sein müssen. Ich hätte auch freundlicher sein *können.* Ich wäre freundlicher gewesen, wenn ... Diese Gedanken hat jeder von uns manchmal. Einige wenige narzisstische Zeitgenossen haben es geschafft, ihr Gewissen zum Schweigen zu bringen, aber die meisten von uns tappen glücklicherweise nicht in diese Falle.

Wenn man Menschen zuhört, die ein Kind oder Geschwister durch den Tod verloren haben, wird sehr schnell deutlich, wie schuldig sie sich fühlen – tatsächliche oder nur vermutete Schuld. Schuld durch das, was getan oder auch nicht getan wurde. Schuld von Eltern, Großeltern, Geschwistern, Freunden oder weiteren Beteiligten.

Weil es in unserem Leben immer wieder Schwierigkeiten gibt, ist Schuld auch immer wieder ein Faktor.

Aber nicht immer, wenn wir uns schuldig *fühlen*, sind wir es auch *tatsächlich.* Leiden bewirkt Verwirrung in uns. Zu schnell halten wir uns für schuldig allein durch die Tatsache, dass es uns gibt.

Der Unterschied zwischen Schuld und schuldig

Ich mache öfter lange Spaziergänge und hin und wieder packt mich ein Energieschub und ich renne ein Stück. Wenn ich dann nach Luft ringe, nehme ich mir fest vor, das nie wieder zu tun. Etwa einen Monat später habe ich es vergessen und renne wieder ein Stück mit flottem Tempo – um es hinterher zu bereuen. Ab und zu renne ich – aber auch mit viel Phantasie könnte man mich nicht als Läufer bezeichnen, ebenso wenig, wie mich ein Luftsprung zum Dreispringer macht.

In der gleichen Weise macht uns ein einzelner Fehler nicht zwangsläufig zu Schuldigen. Wenn jemand unnötigerweise fünfzig Mark ausgibt, ist er schwerlich für den Ruin einer ganzen Familie verantwortlich. Die Person hat sich »schuldig« verhalten, aber für das Endergebnis der Familienkatastrophe ist sie nicht allein verantwortlich.

Diese Unterscheidung ist von großer Bedeutung für Eltern mit gebrochenem Herzen. Weil wir eine sehr enge Beziehung zu einer anderen Person hatten, sind wir schuldig geworden. Mit Sicherheit haben wir in dem ganzen Prozess irgendwann Fehler gemacht. Aber diese Irrtümer haben nicht dazu geführt, dass wir ein haltloses Kind großgezogen haben.

Wenn dieser Unterschied nicht verstanden und beachtet wird, kann es bei Eltern zu neurotischen Störungen kommen. Wir zählen alle Fehler auf und werten jeden als den entscheidenden Faktor zum Untergang. Jede negative Begebenheit, absichtlich oder unabsichtlich geschehen, hat dann zu dem traurigen Ergebnis geführt.

Es ist sicher, dass manche Eltern durch ihr Verhalten zu der negativen oder kriminellen Entwicklung ihrer Kinder beitragen. Missbrauch, Vernachlässigung, kriminelle Aktivitäten, sexueller Missbrauch und andere Verletzungen können eine entscheidende Rolle spielen, wenn ein Kind auf Abwege gerät. Wir würden nie behaupten, dass Eltern keinen Einfluss auf ihre Kinder haben. Dennoch gibt es auch Fälle, in denen die Kinder trotz Missbrauch und schwerster Vernachlässigung zu wunderbaren Menschen reiften.

»Normale«, durchschnittliche Formen von elterlichem Fehlverhalten führen in aller Regel nicht dazu, dass das Kind völlig haltlos wird.

Wir haben im Lauf der Zeit Situationen erlebt – oder verursacht –, die zu Schuldgefühlen führen, aber wir tragen nicht die Hauptschuld an dem jetzigen Verhalten des Kindes.

(Wenn Sie – der Leser – es schwierig finden, diese Schlussfolgerungen zu akzeptieren, sollten Sie das Gespräch mit einem Seelsorger oder einem Therapeuten suchen. Eltern mit gebrochenem Herzen sollten diese Fragen, so gut es geht, für sich beantworten.)

Niemand sollte versuchen, uns Schuldgefühle komplett auszureden, das wäre nicht gesund, denn Schuld ist ein Teil von uns und unserem Leben.

Aber wir müssen uns bewusst machen, dass z. B. ein nicht eingehaltenes Versprechen – ja, wir hatten versprochen, das Modellflugzeug zu bauen oder gemeinsam die Kommode zu restaurieren – uns auf keinen Fall zu den Schuldigen macht, die schwierige oder kriminelle Teenager produziert haben. Das eine ist nicht die Ursache für das andere.

Schuld und Barmherzigkeit

Egal, was wir denken oder wie wir versuchen, die Ursachen zu erklären – wir fühlen uns vielleicht dennoch schuldig. Manche von uns sind von ihrer Schuld überzeugt und wollen nicht, dass ihnen das jemand ausredet. Das Nächstbeste, was zu tun ist, wenn man Schuldgefühle nicht los wird, ist – nachzugeben. Geben Sie auf. Ja, Sie sind schuld. »Seufzer der Erleichterung«. Einigen von uns geht es dann besser.

Es ist an der Zeit, dass Plan B in Kraft tritt: Wie geht ein Christ mit Schuld um? Er wendet sich an Gott und nimmt seine grenzenlose Barmherzigkeit für sich in Anspruch. Wir haben Schaden angerichtet, absichtlich oder unabsichtlich. Wir haben uns geirrt, falsch entschieden und gesündigt. Jetzt ist die Gelegenheit, seine endlose Gnade anzunehmen und unsere Verfehlungen mit seiner Liebe zudecken zu lassen.

Damit das geschieht, müssen wir glauben, dass Gottes Gefäß für Gnade bodenlos ist und dass er sehr freigiebig mit dem Inhalt umgeht. Gott liebt mich, ohne meine Vergangenheit und meine Gegenwart zu bewerten. Durch Christus bin ich bei ihm angenommen, er vergibt mir und nimmt mich in seine Familie auf.

»Denn aus Gnade seid ihr selig geworden durch Glauben, und das nicht aus euch: Gottes Gabe ist es« (Epheser 2, 8).

Weil wir unter Umständen nicht in der Lage sind, echte und falsche Schuld voneinander zu trennen, sollten wir ganz damit aufhören, es zu versuchen. Durch die Gnade Gottes ist für beides gesorgt. Geben Sie nach. Geben Sie es auf. Bitten Sie Gott darum, dass seine Gnade ausreichend sein möge für alles, was sich gerade abspielt.

Die Vermittler der Gnade willkommen heißen

Ab und zu bringt ein Bote Päckchen in unser Haus. Bis heute war ich immer freundlich zu diesem Mann oder dieser Frau. Ich mag Pakete. Fast immer enthalten sie etwas Gutes. Bücher, Kleidung, Geschenke – etwas, das mich freut.

Noch nie in all den Jahren habe ich solche Personen abgewiesen. Ich habe nie ihr Leben bedroht, Steine nach ihnen geworfen oder auf andere Art versucht, sie zu misshandeln. Warum sollte ich? Sie bringen mir etwas Erfreuliches.

Wenn ein freundlicher Mensch versucht, uns ein Stück von Gottes Barmherzigkeit zu überbringen – warum nehmen wir dann so schnell den Besen und verscheuchen ihn oder sie? Dieser Freund oder Nachbar ist gekommen, um Gnade Gottes in unserem Leben aufleuchten zu lassen. Es wäre ein Fehler, ihm die Tür vor der Nase zuzuschlagen.

Wenn wir einen Partner haben, den die Schuld erdrückt, können wir für ihn ein Vermittler von Gottes Gnade sein. Wenn wir ihn mit Freundlichkeit und Rücksichtnahme umgeben, ihm liebevolle und tröstliche Worte sagen, überbringen wir Barmherzigkeit. Diese Worte müssen nichts mit der Eltern-Kind-Beziehung zu tun haben. Jemand, der von Schuldgefühlen verfolgt ist, muss deutlich erfahren, was Gnade und Barmherzigkeit sind, damit er noch daran glauben kann, dass sie existieren.

Wenn wir diese tröstenden Handlungen von Leuten erfahren, die uns nahe stehen, kann uns das daran hindern, in Verzweiflung abzugleiten. Die Bibel beschreibt das so: »Seht darauf, dass nicht jemand Gottes Gnade versäume; dass nicht etwa eine bittere Wurzel aufwachse und Unfrieden anrichte und viele durch sie unrein werden« (Hebräer 12,15).

Viele Eltern mit gebrochenem Herzen stehen gefährlich nahe am Abgrund der Bitterkeit. Wir sind in der Gefahr, über den Rand der Klippen zu fallen. Die Taten der Barmherzigkeit durch Freunde oder Fremde können der Zaun sein, der verhindert, dass wir abstürzen.

Es ist eher unwahrscheinlich, dass es uns gelingt, den Eltern ihre Schuldgefühle zu nehmen. Ähnlich wie bei Muskeln werden sie härter, je stärker man zieht. Aber wenn man sie mit Liebe umgibt, könnte es möglich sein, dass sie nach und nach bereit werden loszulassen.

7. Neid und Selbstmitleid

»Diese Zeit ist sehr schwierig für uns«, sagte mir eine Mutter. »Die Freunde unserer Tochter machen gerade ihren Abschluss am College. Wir bekommen von ihnen Einladungen zu Hochzeiten oder Geburtsanzeigen ihrer Babys. Jedes Mal, wenn wir das hören oder lesen, sind wir erneut innerlich zerrissen. Wir wissen nicht mal sicher, wo unsere Tochter lebt und erst recht nicht, wann sie sich das nächste Mal melden wird.«

Kann eine Familie, in der ein Kind sich entfremdet hat, je dem Schmerz des Vergleichens entkommen? Wahrscheinlich nicht. Wir sind dazu verurteilt, in anderen Familien das mitzuerleben, was wir uns für unsere eigenen Kinder gewünscht haben. Das schmerzt und schmerzt und schmerzt.

Eines Tages gehen Sie in den Supermarkt und Ihnen fällt der junge Mann auf, der die Regale auffüllt. Ehe Sie es verhindern können, kommen die Tränen, und Sie schauen zur Seite in der Hoffnung, dass es niemand bemerkt. In Ihnen werden Erinnerungen wach an die Zeit, als *Ihr* Sohn so einen Job hatte. Der Haarschnitt des Jugendlichen ähnelt dem Ihres Sohnes zu dieser Zeit. Er war damals dabei, sich Geld für ein Auto zu verdienen. Jetzt lebt er in Kentucky und wartet darauf, dass seine Straftat verjährt, damit er in seinen Heimatstaat zurückkehren kann.

Auch wenn Sie im Allgemeinen gute Gedanken haben, erreicht Sie das Gespenst aus der Vergangenheit mit diesem Kind immer wieder. Sie füttern mit Ihrem Enkelkind die Enten im Park – und plötzlich sind die Gedanken lebendig. Genau hier haben Sie mit Ihrer Tochter die Enten gefüttert. Dann sind die Tränen nahe.

Mit manchen Konflikten werden Eltern mit gebrochenem Herzen immer wieder zu tun haben. Sie werden mit Erinnerungen kämpfen, sie müssen Anflüge von Neid bewältigen, und immer wieder Selbstmitleid abwehren, das sie niederdrücken will. Jeder »Anfall« ist anders geartet und braucht eine spezielle Behandlung. Wir müssen uns damit auseinander setzen – ob es uns gefällt oder nicht –, wenn wir unser seelisches Gleichgewicht behalten wollen. Wer aufhört zu kämpfen, gibt auf, und niemand von uns kann es sich leisten, alles hinzuwerfen.

Angegriffen durch Neid

In guten Zeiten wünschen wir uns oft das, was andere auch haben. Wenn wir Zeiten des permanenten Stresses durchmachen müssen, wird der Neid auf unsere Mitmenschen noch stärker.

Er nimmt manchmal eine schlimme Form an, wenn wir z. B. erleichtert sind über schlechte Neuigkeiten in unserem Bekanntenkreis – andere Kinder betreffend.

Wenn wir hören, dass der Sohn des Bürgermeisters in Schwierigkeiten ist, oder die Tochter des Nachbarn von der Schule verwiesen wurde, macht unser Herz einen kleinen Sprung. Nicht etwa, weil wir ihnen Schlechtes wünschen. Es ist eher die stille Genugtuung, dass die eigene Familie nicht völlig daneben sein kann, wenn es in anderen »guten« Familien auch Probleme gibt.

Das Vergleichen mit anderen ist eine schwierige Sache. Einerseits macht es uns sehr betroffen, von diesen Ereignissen zu hören. Andererseits geben uns genau diese Geschehnisse den »Trost«, dass wir alle Mitglieder der menschlichen Gemeinschaft sind, in der diese Dinge dazugehören.

Wir Eltern müssen unsere Neigung zum Neid scharf im Auge behalten, sonst kann sie im Nu zu zerstörerischem Verhalten führen. Die Bibel macht über Neid sehr klare Aussagen und wir können uns ihre Weisheit zunutze machen.

1. Petrus 2, 1: »So legt nun ab alle Bosheit und allen Betrug und Heuchelei und Neid und alle üble Nachrede.«

1. Korinther 13,4: »Die Liebe ist langmütig und freundlich, die Liebe eifert nicht, die Liebe treibt nicht Mutwillen, sie bläht sich nicht auf.«

Jakobus 3,14: »Habt ihr aber bittern Neid und Streit in eurem Herzen, so rühmt euch nicht und lügt nicht der Wahrheit zuwider.«

Neid entzieht uns wie kaum ein anderes Gefühl eine Menge Energie und trübt nachhaltig den Blick, mit dem wir andere betrachten. Francis Bacon hat dazu gesagt: »Neid macht niemals Urlaub.« Wenn wir ihm das Feld überlassen, verfolgt er uns Tag für Tag.

Mit der Zeit können wir lernen, uns über das Gute zu freuen, das wir über andere hören und nicht über das Schlechte. Wenn es in unserer Macht stünde, Menschen zu verändern, würden wir alle Familien befreien, in denen sich ein Kind entfremdet hat.

Eltern, die von ihren erwachsenen Kindern verletzt werden, neigen manchmal dazu, die Eltern zu beneiden, deren Kind gestorben ist.

Sie stellen sich vor, dass die Beziehung zwangsläufig zu einem Ende kommt, wenn das Kind zum Beispiel in einem Autounfall getötet wird. Mit einem erwachsenen Kind, das immer noch rebelliert und Schwierigkeiten macht, kommen Eltern niemals zur Ruhe. Morgen kommt vielleicht ein Anruf, dass ihr Sohn ins Gefängnis muss oder dass ihre Tochter schwanger und nicht in der Lage ist, den Vater des Kindes zu benennen. Vielleicht hat ein Sohn bei einem Autounfall einen Menschen getötet. Ständig gibt es Gründe für Anspannung und die Angst, was morgen geschehen könnte.

Sie wünschen ihrem Kind nicht unbedingt den Tod, aber viele geben zu, dass es Erleichterung bringen würde. Dieses Gefühl ist vielleicht nicht nachvollziehbar, wenn man es noch nicht erfahren hat, aber bedenken Sie, dass manche Eltern mit gebrochenem Herzen ihre Last schon fünfzehn, zwanzig, dreißig oder mehr Jahre mit sich herumtragen.

Es besteht tatsächlich die Versuchung, diejenigen zu beneiden, die ihr Kind durch den Tod verloren haben. Ich habe mit einigen betroffenen Eltern gesprochen, und sie sagten, dass sie Verständnis dafür hätten. Sie stellten immer wieder fest, dass Leute den Tod des Kindes für etwas Abgeschlossenes halten. Für sie selbst gibt es keinen

Abschluss. Der Tod des Kindes begleitet sie weiterhin. Die Eltern weinen, leben in ihren Erinnerungen, und sie müssen ihre Gefühle bewältigen. Ihr Kind ist von ihnen gegangen, aber der Verlust bleibt bestehen und ebenso der Schmerz. Der Tod verändert die Probleme, aber er beseitigt sie nicht. Tod erfordert eine andere Art der Bewältigung.

Wir haben es hier mit dem Problem von Leiden und Schmerz zu tun.

Unser Martyrium wird so untragbar, dass wir wünschen, wir könnten die Last des Schmerzes mit jemandem tauschen. Obwohl das verlockend erscheint, würde dennoch wiederum Schmerz dabei herauskommen. Auf lange Sicht muss Schmerz verarbeitet und bewältigt werden. Es gibt dafür keine Umwege und Abkürzungen.

Selbstmitleid – der Bruder des Neids

Ist es nicht so, dass Sie sich mitunter sehr Leid tun, weil Sie zu den Eltern mit gebrochenem Herzen gehören? Das geht vielen Eltern so, die mit Schmerz leben müssen. Neid und Selbstmitleid sind zwei Seiten der gleichen Medaille, die heißt: »Warum gerade ich, Herr?« Selten erleben wir das eine ohne das andere.

Selbstmitleid steht an oberster Stelle auf der Liste der nutzlosen Gefühle. »Ich Arme(r)« habe absolut nichts Aufbauendes. Es ist kleinkindhafter Rückzug aus der Realität. Es ist normal und verständlich, aber es hat keine Perspektive in Richtung Bewältigung.

Jona versank in Selbstmitleid nach seinem Fiasko in Ninive. Er war so niedergeschmettert, dass er sterben wollte. Gott machte ihm aber deutlich klar, was er von dieser Einstellung hielt.

Selbstmitleid führt zu (selbst)zerstörerischem Verhalten. Man hat uns Unrecht getan, und das wollen wir aus der Welt schaffen – oder wir rasten aus. Wenn wir ausrasten, wird unweigerlich jemand verletzt werden. Höchstwahrscheinlich wir selbst.

Wer sich darum bemüht, seinen Verlust positiv zu nutzen, muss sich zuerst von dem Aschehügel abwenden.

Die Zukunft kann erst beginnen, wenn wir das »Ich Arme(r)« beenden.

Selbstmitleid ist wie ein Anker. Solange er im Boden des Sees festsitzt, können wir nicht frei segeln. Wir werden mit aller Macht an einem Punkt festgehalten – der Vergangenheit. Nur wenn wir damit aufhören, uns zu bemitleiden, besteht die Möglichkeit, sinnvoll, froh und ausgeglichen weiterzuleben.

Glücklicherweise schickt Gott uns Menschen, die uns in schwerem Leiden beistehen können. Einige von uns treffen sich regelmäßig in Gruppen oder einzeln zu diesem Zweck.

Wenn sich zwei Menschen treffen, die Ähnliches durchmachen, denken sie zuerst, sie wären auf eine Goldmine gestoßen. Wenn sie sich aber nur darauf beschränken, sich gegenseitig ihr Leid zu klagen, sind sie auf einen leeren Stollen gestoßen.

Eltern sollten sich ein paar ernsthafte Fragen stellen: Helfen unsere Kontakte uns, zuversichtlich in die Zukunft zu sehen? Oder sind sie nur »Klagemauern«, vor denen wir die schreckliche Vergangenheit wiederholen? Dieser Unterschied ist von großer Bedeutung.

Wir können niemand brauchen, der unserem Selbstmitleid immer wieder neue Nahrung gibt. Letztlich ist es kein wirklicher Trost, wenn jemand bei uns sitzt und immer wieder neu unseren Seufzern zustimmt: »Ist das Leben nicht schrecklich?«

Helfer mit Format schaffen es, unseren Blick auf die Zukunft zu lenken.

8. Die Grenzen des Schmerzes

Es ist eine schmerzliche Erfahrung, wenn sich das eigene Kind entfremdet hat. Man kann dieses Gefühl kaum beschreiben. Eltern leiden tief in ihrem Inneren und das Leiden hat Auswirkungen auf ihr Denken, ihre Beziehungen, ihre Gesundheit und vieles andere. Manche Eltern spüren den Schmerz täglich. Andere erleben ihn schwächer, aber zu bestimmten Anlässen flackert er auf und ist dann schwer zu ertragen. Beim Einkaufen entdeckt eine Mutter ein junges Mädchen, das ihrer Tochter ähnelt, und sie ist plötzlich von Schmerz überwältigt. Eltern mit gebrochenem Herzen wissen nie, wo der Schmerz ausbricht, so dass sie ständig wachsam bleiben und sich bald selbst nicht mehr trauen.

Jemand muss nur das Wort »Familie« erwähnen, und schon zucken sie zusammen. Das Wort, das sie bisher immer mit Wärme und Sicherheit verbunden haben, hat einen bitteren Geschmack bekommen.

Elterlicher Schmerz ist eine sehr individuelle Angelegenheit. Leute mit Rückenproblemen können auf die Stelle deuten, die schmerzt. Wer Kopfweh hat, weiß, wo es pocht. Eltern mit gebrochenem Herzen haben Schmerzen an den unterschiedlichsten Stellen und auf sehr verschiedene Weise. Einige beschreiben Kopfschmerzen oder Schlaflosigkeit, Herzbeschwerden oder Magenprobleme. Der Schmerz beeinflusst ihr Denken und ihre Seele. Andere schmerzt es, zu beten oder zu hoffen, Fotos anzuschauen, Feiertage durchzustehen oder sogar das Enkelkind im Arm zu halten. Einige können an keiner Hochzeitsfeier teilnehmen, meiden Schulgebäude und -gelände – Themen, die mit »Familie« zu tun haben, sind ihnen unerträglich.

Es ist sehr wichtig, den Schmerz ernst zu nehmen und ihn nicht für eingebildet zu halten. Elterlicher Schmerz ist eine ernste Sache und muss wie jedes andere echte Leiden behandelt werden. Eltern, die es mit einem entfremdeten Kind zu tun haben, sollten die Freiheit haben, ihren Verlust zu benennen und darüber zu sprechen – dann kann diese Tatsache eher als Realität angenommen werden.

Häufig gestellte Fragen von Eltern mit gebrochenem Herzen

Wie lange wird der Schmerz dauern?

Der Zeitplan für elterlichen Schmerz ist nicht vorhersehbar. Er bewegt sich zwischen etwa zwei Wochen und lebenslänglich. Einige Eltern waren mit ihrem Kind für ein bis zwei Jahre im Kriegszustand, und sind dann als enge Freunde und Verwandte daraus hervorgegangen. Andere sind verbittert, enttäuscht und einsam bis zu ihrem Tod. Für diesen Schmerz gibt es kein »normal« oder »unnormal«.

Fast alles ist möglich. Eltern, die es nie für möglich gehalten hätten, dass sie sich ihrem Kind gegenüber feindselig verhalten könnten, haben jahrzehntelang genau das getan. Andere hatten Angst, dass sie ihrem Kind innerlich nie mehr nahe sein könnten, und sie erleben, dass sie zusammen Ausflüge machen oder sogar auf der gleichen Kirchenbank sitzen.

Elterlicher Schmerz kann eindeutig festgestellt werden, aber der Verlauf kann nie exakt bestimmt werden. Deshalb ist es so schwierig, damit umzugehen.

Schmerz hat auf Eltern sehr unterschiedliche Auswirkungen.

Was ist, wenn der Schmerz nie endet?

Wir werden erinnert an Paulus' Gebet, dass der »Pfahl aus seinem Fleisch« entfernt werden sollte (2. Korinther 12,7-9). Der »Pfahl« verschwand nicht, und Gott sagte Paulus, wie er mit diesen Beschwerden umgehen konnte. Wie sollen die Eltern mit den »Beschwerden« umgehen, wenn sie nicht heute oder morgen verschwinden, sondern womöglich ein Leben lang bestehen bleiben?

Wenn wir einmal beschlossen haben, dass diese Alternative besteht, können wir nach Möglichkeiten Ausschau halten, um damit fertig zu werden. Glücklicherweise gibt es Antworten in dieser Situation.

Überall in unserer Umgebung müssen Menschen täglich mit Schmerzen leben. Einige haben Probleme damit, sich selbst ihre Schuhe zu binden oder aufrecht zu stehen. Einige sind den ganzen Tag lang erschöpft oder sie sind auf Medikamente angewiesen, um den Tag zu bestehen. Einige gehen trotz stechender Kopfschmerzen zur Arbeit und lächeln, wenn sie eigentlich weinen wollten.

Leiden ist ein Zustand des Menschen. Die meisten Menschen, die leiden, stehen trotzdem auf und bewältigen ihren Tag. Viele Leidende bestehen auch mit Schmerzen den Alltag.

Kürzlich hörte ich einen Vortrag über Schmerz. Der Referent hat ständig Rückenprobleme und jeden Tag Schmerzen. Zwei Operationen haben nur wenig verändert, und die Mediziner können ihm keine endgültige Lösung in Aussicht stellen. Er hat keinen Grund zu der Annahme, dass er je wieder ohne Schmerzen leben kann. Sein Zustand ist seit nahezu dreißig Jahren unverändert.

Der Redner sagte, dass chronische Schmerzen uns verändern. Andauernde, ständige Schmerzen bringen eine Person dazu, jemand anderes zu werden. Sie haben keine Wahl. Wer rückwärts schaut und zu seinem alten Selbst zurückkehren möchte, verschwendet seine Zeit im Traumland.

Chronische Schmerzen zwingen Menschen auf neue Wege. Die gute Nachricht ist, dass sie wählen können, *welchen* Weg sie gehen wollen.

Einige wählen den unteren Weg, der zur Bitterkeit und Verzweiflung führt. Andere ändern den Kurs und wählen den oberen Weg zur Kraft und Erfüllung. Es liegt gänzlich bei Ihnen, wofür Sie sich entscheiden.

Der Pfahl in Paulus' Fleisch forderte von ihm eine Entscheidung. Würde er den oberen oder den unteren Weg wählen? Gott hat ihm versprochen, dass seine Gnade in dieser permanenten Spannung ausreichen würde. Aber Paulus musste sich entscheiden, ob er den oberen Weg mit Gott gehen wollte.

Was geschieht, wenn ich die Situation nicht verändern kann?

Manche Dinge können wir verändern, andere nicht. In den meisten Fällen haben wir keinen Einfluss auf die Haltung unserer Kinder. Deshalb müssen wir zu einigen reifen, gesunden Entscheidungen kommen. Erstens: Wir können unser chronisches Leiden nicht verändern. Zweitens: Wir können unsere *Reaktion* auf das chronische Leiden verändern.

Welche Wirkung hat der ständige Schmerz über ein entfremdetes oder verlorenes Kind auf uns?

- Fühlen wir uns wie Versager?
- Fühlen wir uns nutzlos?
- Fühlen wir uns einsam?
- Sind wir verwirrt?
- Schämen wir uns?
- Wollen wir alles hinwerfen?
- Wollen wir unsere Familie verlassen?
- Wollen wir uns gegenseitig beschuldigen?
- Will unser Glaube schwach werden?
- Werden wir teilnahmslos?
- Leidet unser Schlaf?
- Werden wir wütend und verbittert?
- Haben wir Angst, jemandem zu trauen?
- Werden wir freudlos?
- Bricht uns das Herz?
- Ziehen wir uns auf ungesunde Weise in uns selbst zurück?
- Reagieren wir ständig nervös und reizbar?
- Werden wir depressiv?
- Schmerzt unser Körper?
- Werden wir zu Einsiedlern?
- Werden wir traurig?

Wenn wir mit diesen oder anderen Merkmalen auf unsere missliche Lage reagieren, gibt es gute Neuigkeiten. Alles auf dieser Liste ist heilbar. Lesen Sie diesen Satz noch einmal. *Es gibt nichts auf der Liste, was nicht verbessert werden könnte.* Nur den Verlust selbst können wir nicht ungeschehen machen.

Vergleichen Sie das mit manchem, was wir uns selbst immer wieder sagen – was aber *nicht* zutrifft.

- »Ich kann ihm niemals vergeben.« Das stimmt nicht.
- »Ich kann nie wieder vertrauen.« Das stimmt nicht.
- »Ich kann nie mehr Anteil nehmen.« Das stimmt nicht.
- »Ich kann Gott nicht mehr glauben.« Das stimmt nicht.
- »Ich kann nie mehr froh werden.« Das stimmt nicht.

Menschen mit chronischen Leiden können alle diese Dinge erleben. Sie können nur den Schmerz nicht loswerden. Wir müssen uns deshalb für den oberen Weg entscheiden und über das Leiden hinauswachsen. Wir können den Verlust nicht rückgängig machen. Aber wir können einige der negativen Begleitumstände in den Griff bekommen.

Die Grenzen des Leidens

Joyce hörte faktisch auf zu leben, als ihre Tochter mit siebzehn von zu Hause auszog, um mit ihrem Freund zusammenzuleben. Sie mied ihre Freunde. Sie hatte bisher gern gemalt, aber jetzt konnte sie sich nicht mehr dazu aufraffen, einen Pinsel in die Hand zu nehmen. Alle Energie war ihr entzogen und sie konnte den Gedanken nicht ertragen, dass ihr je wieder etwas Freude machen sollte.

Sie tat etwas, wozu viele von uns neigen. Sie ließ es zu, dass der Fluss des Leidens über die Ufer trat und ihr ganzes Leben überschwemmte. Leiden kann entstehen und sich ausbreiten, aber nur innerhalb gewisser Grenzen. Schmerz ist nicht allgegenwärtig und nicht allmächtig. Leiden kann uns aus unserer Ruhe aufschrecken, aber es kann nicht unsere Ehe zerstören. Schmerz kann den Gebrauch unseres Rückens oder unserer Gelenke einschränken, aber er kann uns nicht davon abhalten, andere zu ermutigen.

Leiden ist von Natur aus begrenzt – außer wir lassen zu, dass es ausufert und alle Bereiche unseres Lebens verletzt.

Vernünftigen Eltern ist bewusst, dass das Verhalten ihres Kindes zwanghaft und zerstörerisch sein kann. Aber man kann die Verletzungen in Grenzen halten, wenn die Eltern darauf achten, dass ihre anderen Lebensbereiche intakt bleiben. Wenn wir es versäumt haben, eine Prüfung für unser berufliches Weiterkommen abzulegen, weil unser Sohn gerade Schwierigkeiten machte, dann ist das möglicherweise seine Schuld – oder auch nicht. Normalerweise sind seinem destruktiven Benehmen Grenzen gesetzt. Vielleicht hat uns nur unser *Gefühl* gesagt, dass wir inmitten des Tumults die Weiterbildung nicht machen könnten. Vielleicht wären wir dennoch dazu in der Lage gewesen und hätten es gut geschafft.

Geben Sie Leid und Schmerz nie mehr Raum als ihm zusteht. Dieser hungrige Löwe wird alles verschlingen, was er erreichen kann. Geben sie ihm kein Extra-Futter. Es sollte rebellischen Kindern niemals gelingen, die romantische Nähe ihrer Eltern zu zerstören. Sie sollten es nie schaffen, das normale Familienleben zum Erliegen zu bringen. Schützen Sie Ihre Familie so gut es Ihnen möglich ist.

»Ich wollte aufhören«, sagte Todd mit einem traurigen Gesichtsausdruck, »ich war der Vorsitzende im Gemeinderat und mein jüngster Sohn war der Schrecken der Stadt. Ich konnte den Mitgliedern nachgeben oder weiterhin die Gemeinde leiten. Ich stellte mir vor, dass sie dachten: ›Was glaubt dieser Heuchler wohl, wem er etwas vormachen kann?‹ Jetzt bin ich froh, dass ich dabeigeblieben bin, aber ich habe mehr als einmal mein Rücktrittsgesuch geschrieben.«

Todds Schmerz hat ihn fast überwältigt. Aber er hat sich glücklicherweise dazu entschlossen, ihn nicht ausufern zu lassen und das »Tal seines Lebens« zu überfluten. Anstatt ein entmutigter Vater zu sein, der sein Amt abgibt, wurde er ein Vater mit gebrochenem Herzen, der weiterhin die Gemeinde leitet. Er akzeptierte die Grenzen des Schmerzes und blickte mutig in die Zukunft.

Der Sohn des Gouverneurs in einem Staat im mittleren Westen geriet wiederholt in Schwierigkeiten. Weil er das Kind einer bekannten Persönlichkeit ist, haben seine Probleme jedes Mal ein großes Echo in der Presse hervorgerufen. Laut der Berichte war er in einen Autounfall verwickelt, bei dem ein älteres Ehepaar starb. Er kam wegen Trunkenheit in Arrest und wurde erwischt, als er mit einem gefälschten Ausweis Alkohol kaufen wollte. Sein Führerschein wurde einbehalten (in den USA gilt die Fahrerlaubnis ab sechzehn

Jahren) – und er wurde wegen einiger Eigentumsdelikte angeklagt. Wir wissen nicht, ob alle Anklagen gegen den Sohn berechtigt sind oder nicht. Sicher ist aber, dass der Vater seine Karriere als Gouverneur nicht aufgegeben hat und dass er wieder gewählt wurde. Vielleicht hat er seine Schmerzgrenzen erreicht. Auf jeden Fall hat er nicht aufgehört zu leben – ungeachtet der Schwierigkeiten, die sein Sohn hatte.

Schmerz wird überall einbrechen und zerstören wollen. Aber kluge Eltern werden nicht zulassen, dass ihr Lebensmut zerstört wird.

9. Das Rad der Gefühle

Was mache ich mit meinen Gefühlen? Das ist der Hilferuf enttäuschter Eltern. Ihr hübsches, kleines Nest ist zerstört worden – Zweige, Federn und Gras fliegen durch die Luft. Was sind die passenden Gefühle der liebenden Eltern, wenn sich ihr Nest aufgelöst hat?

Es ist, als wenn die Eltern sagen: »Bitte helft uns. Ich habe nicht die geringste Erfahrung mit so etwas. Sagt mir, was ich fühlen soll, und ich tue mein Bestes. Was wäre angebracht? Zornig, liebevoll, hoffnungsvoll, ängstlich, selbstsicher, vergnügt, beherrscht, ausfallend oder was?«

Stellen Sie sich einen Seemann vor, dessen Boot in Flammen steht. Löscht er zuerst das Feuer, sammelt er seine Wertsachen ein, hilft er den Passagieren, sendet er einen Notruf ab, oder springt er einfach über Bord? Er würde das Richtige tun, vorausgesetzt, er wüsste, was es ist.

Eltern, die unter Druck sind, wissen nicht, wie sie reagieren sollen. Strafen, vergeben, bitten, lächeln, die Stirn runzeln, weinen, beten, oder kalt und ablehnend werden? Höchstwahrscheinlich wird alles vorkommen. Es wäre nur gut zu wissen, *was* zu *welcher Zeit* angebracht ist.

Dieses Buch kann Ihnen nicht sagen, wie Sie sich zu fühlen haben. Es gibt keine unangebrachten, illegalen oder unmoralischen Gefühle. Die besten Gefühle sind die aufrichtigen. Wenn Sie Ihr Kind hassen, ist das ein ehrliches Gefühl. Sie hassen es. Niemand sollte Ihnen das ausreden. Es ist ebenso ehrlich, wenn Sie Ihr Kind bewundern.

Unsere Aufgabe ist es, mit Ihnen festzustellen, was Ihre Gefühle sind. Wenn Sie das wissen, fragen Sie sich vielleicht, was sie mit Gottes Gnade *sein sollten.*

Kluge Leute versuchen, ihre Gefühle in den Griff zu bekommen. Sie wollen keinesfalls ihre Gefühle tarnen oder verstecken. Stattdessen sagen sie etwa: »Ich bin voller Selbstmitleid und möchte mit diesem destruktiven Verhalten aufhören.« Das ist Selbstkontrolle. Wir brauchen dazu oft den Heiligen Geist – Festigkeit im emotionalen Bereich ist eine wichtige Verhaltensweise.

Das Rad der Gefühle

Jeder hat seine eigene Geschichte. Wir können nie sagen: »Ich weiß genau, wie du dich fühlst.« Das würden wir zwar gern sagen, aber es ist nicht wahr. Wenn wir wissen wollen, wie sich jemand fühlt, müssen wir ihn zuerst fragen, und dann müssen wir zuhören, während er es uns erzählt. Eine der großen Sünden ist es, eine Person damit abzuwürgen, dass man ihr sagt, man wüsste schon, wie sie sich fühlt.

Das Rad der Gefühle zeigt vielleicht dem Leser oder der Leserin, wo er/sie sich befindet. Dann können Sie überlegen, wo Sie sein möchten und sich überlegen, was dazu geschehen muss.

Für einige Eltern mit gebrochenem Herzen mag sich der Kreis nie vollenden. Deshalb spreche ich eher von einem Rad. Das Rad dreht sich vielleicht niemals vollständig. Lassen Sie uns kurz jedes Gefühl beschreiben, und sehen, ob es mit unseren Erfahrungen übereinstimmt.

Das Rad der Gefühle

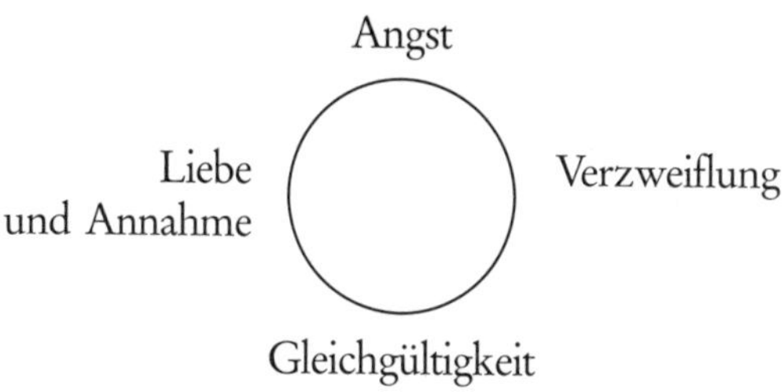

Angst

Unser Kind zieht sich von der Familie zurück und lehnt unsere Werte ab. Normalerweise ist diese Rebellion ein Kennzeichen der Teenagerjahre, aber sie kann schon mit elf Jahren oder noch jünger in Erscheinung treten. Wenn diese Ablehnung häufiger auftritt und immer intensiver wird, verstärken sich die Ängste der Eltern. Am Anfang waren sie nur verwirrt, aber mit der Verschlechterung der Situation nimmt die Angst zu.

Was geschieht hier? Wie können wir Einhalt gebieten? Bricht unsere liebevolle Familie auseinander? Verlieren wir die Kontrolle? Ist das nur eine Phase, die vorübergeht? Sollten wir uns nach Hilfe umschauen?

Einem großen Teil der Ängste liegt die Angst vor dem Verlassenwerden zugrunde. Jemand den wir lieben, entzieht sich uns, verlässt uns, und die Begleitumstände sind unschön. Das macht uns Angst.

Die meisten Eltern bleiben nicht auf dieser ersten Stufe stehen. Es ist zu schmerzlich, über Jahre in ständiger Angst zu leben. Die Situation wird entweder besser oder schlechter. Das ist zumindest die Perspektive der Eltern.

Verzweiflung

Die Situation verbessert sich nicht. Die Tochter bleibt länger fort. Ihr Verhalten wird schwieriger. Die Polizei hat sie schon zwei Mal angehalten. Sie trinkt häufiger Alkohol. Das Problem kann weder ignoriert noch übersehen werden.

Wir driften in die Verzweiflung ab. Aber das kann auch etwas Gutes bewirken. Es zwingt die Eltern zum Handeln. Vielleicht wird ein gemeinsamer Urlaub geplant oder Beratung gesucht. Wir suchen nach einer anderen Schule. Wir kontrollieren öfter die Hausaufgaben. Wir unternehmen etwas, um diese Entwicklung rückgängig zu machen. Wie der Matrose auf dem sinkenden Schiff müssen wir *handeln.* Untätigkeit wird auf jeden Fall zum Verlust führen.

Oft müssen die Dinge schlimmer werden, bevor sie sich verbessern können. Nur wenn der Leidensdruck stark genug ist, bringen wir die nötige Energie auf und bemühen uns um Veränderung.

Gleichgültigkeit

Im Film erreichen Menschen nie das Stadium der Gleichgültigkeit. Die Film-Eltern wachen gewöhnlich auf, unternehmen etwas und finden Hilfe. Am Ende sehen wir, wie sie mit ihren Kindern angeln gehen und es sich gut gehen lassen. Deshalb sind Filme so beliebt.

Meine Vermutung ist, dass die meisten Eltern, die zu diesem Buch gegriffen haben, sich irgendwo zwischen Verzweiflung und Gleichgültigkeit befinden. Sie sind vom vielen Handeln müde geworden und kurz davor, aufzugeben. Oder sie haben es schon getan. Einige suchen nach Gründen, aufgeben zu dürfen.

Gleichgültigkeit heißt: »Es ist mir egal. Ich liebe meinen Sohn nicht gerade, aber ich hasse ihn auch nicht. Ich habe beide Einstellungen hinter mir, aber nichts hat geholfen. Ich will mich nicht mehr länger aufreiben.«

Das ist leblose, stumpfe, resignierte, stoische, unmotivierte Teilnahmslosigkeit.

Wir werden gleichgültig, weil wir hoffen, uns damit vor Leiden schützen zu können. Es ist ein verständlicher, natürlicher Abwehrmechanismus. Wir wollen keinen Schmerz mehr. Weil es schmerzt, Gefühle zu haben, werden die Gefühle abgelehnt oder unterdrückt.

Gleichgültigkeit ist kein Versuch mehr, das rebellische Kind zurechtzubringen, sondern ein Akt der Verzweiflung, um uns selbst zu retten.

Liebe und Annahme

Können wir unser Kind lieben und annehmen, wenn der Alkoholmissbrauch anhält, wenn das Enkelkind vernachlässigt wird, wenn Haftstrafen vorkommen? Da erscheinen die entstandenen Mauern unüberwindlich. Die Frage ist: Kann ich meinen Sohn auch lieben, wenn er niemals so liebenswert werden wird, wie es meinen Vorstellungen entspricht?

Viele von uns verharren in der Gleichgültigkeit, weil es zu schmerzlich wäre, nach einer anderen Alternative zu suchen. Wir wollen auf keinen Fall zurück zu dem Leiden der Anfangszeit, als wir noch versuchten, unser Kind zu ändern.

Aber wir wollen uns auch nicht entschließen, das entfremdete Kind so zu lieben und anzunehmen wie es ist – ohne Hoffnung auf Veränderung.

Es bleibt also nichts anderes übrig, als auf der Insel der Teilnahmslosigkeit zu verharren.

Eines Tages werden wir unser Kind vielleicht in einem anderen Licht sehen können. Es hat sich kaum verändert, aber wir können sagen: »Ich liebe ihn/sie trotzdem.«

Manchmal können Eltern die Gnade Gottes durch das Leben einer anderen Person erfahren. Vielleicht erleben wir die Liebe eines anderen Menschen, wenn *wir* gerade durchaus nicht liebenswert sind. Es braucht vielleicht ein fast überwältigendes Maß an Liebe, bis wir unsere Wachsamkeit aufgeben und unser trotziges Kind wieder lieben können. Glücklicherweise ist das möglich, und es geschieht auch in vielen Familien.

Wir sind versucht zu glauben, dass wir unser Kind ganz und gar so annehmen müssen, wie es ist. Das müssen wir nicht unbedingt. Aber die Alternativen zu Liebe und Annahme sind Besorgnis erregend. Unsere Kinder werden es sehr schwierig finden, anzurufen, zu schreiben oder uns zu besuchen, wenn sie spüren, dass sie nicht willkommen und angenommen sind. Denken Sie daran, wie schrecklich es ist, mit Leuten zusammen zu sein, von denen Sie wissen, dass sie Sie nicht leiden können.

Ein Kind, das sich im Streit von den Eltern getrennt hat, wird es nicht eilig haben, nach Hause zu kommen, wenn es weiß, dass dort Angst, Verzweiflung oder Gleichgültigkeit vorherrschen. Eltern müssen damit aufhören, ihr Kind verändern zu wollen, indem sie es ständig belehren oder sein Verhalten verurteilen.

Eltern, die das tun, befinden sich immer noch im Stadium der Verzweiflung.

Einige Eltern leben immer noch irgendwo in den ersten drei Abschnitten des Gefühlsrades. Sie bewegen sich in den Zwischenräumen und gehören weder hierhin noch dorthin. Aber wir haben die Macht, uns zu bewegen, wenn wir es wollen. Andernfalls wird unsere Unwilligkeit oder Unfähigkeit zur Weiterentwicklung allen Beteiligten schaden.

Am wichtigsten ist es festzustellen, wo wir sind und wohin wir wollen. Dann können wir Gott ganz konkret bitten, uns zu zeigen, was wir verändern sollen. Wahrscheinlich wird Gott nicht unsere Einstellung und unsere Gefühle verändern, denn er respektiert unseren Willen. Aber wenn wir uns dazu entschließen, voranzugehen, ist er mehr als bereit, uns dabei zu helfen.

Manchmal sträuben sich Eltern mit aller Macht gegen eine Weiterentwicklung. Sie können sich nicht dazu überwinden, den Lebensstil ihres Kindes zu akzeptieren. Aber Liebe und Annahme können nicht gedeihen, solange wegen des Lebensstils gekämpft wird. Seien Sie nicht überrascht, wenn sich das Rad der Gefühle vor und zurück bewegt. Manche Eltern haben es bis zu Liebe und Annahme geschafft und fallen dennoch zurück in Apathie und Gleichgültigkeit.

Liebe und Annahme wurden strapaziert, ihr oder sein Verhalten haben sich verschlechtert und das Rad dreht sich in die entgegengesetzte Richtung. Hin und wieder fällt man aus der Gleichgültigkeit zurück in die Verzweiflung und wir versuchen wieder, unser Kind zu verändern.

Rechnen Sie damit, dass das Rad in Bewegung bleibt. Es bleibt nur selten an einer Stelle. Aber wenn es sich zurückdreht, kann es sich ebenso auch wieder vorwärts drehen. Das emotionale Ziel bleibt auf jeden Fall Liebe und Annahme.

Welchen Stellenwert hat Wut?

»Ich war in den letzten fünf Jahren nur wütend auf meine Tochter«, erklärte mir ein Vater. »Ich kann kaum in einem normalen Ton mit ihr reden. Wie um alles in der Welt soll ich mit dieser riesigen Wut fertig werden?«

Es gibt gute Nachrichten für diesen Mann, wenn er bereit ist, sie zu hören. Die Wut ist nicht das Grundproblem, sie ist eher ein aufgesetztes Gefühl. Die Bibel behandelt Wut wie eine Maske, die man jederzeit absetzen kann, wenn man es nur will. Deswegen wird uns gesagt, dass die Sonne über unserem Zorn nicht untergehen soll.

Nehmen Sie also die Maske des Zorns herunter, wenn die Sonne untergeht. Es ist keine Hilfe, sie aufzubehalten.

Es ist nicht so, dass Eltern nie Grund hätten, wütend zu sein. Ihr Sohn hat gelogen, Geld von ihnen genommen und ihr Auto beschädigt. Sie *müssen* darüber nicht wütend werden, aber es ist verständlich, wenn sie es sind. Wenn ein Kind seinen Eltern das Leben fünfzehn Jahre lang mehr oder weniger zur Hölle gemacht hat, dann gab es eine Menge Gelegenheiten, wütend zu werden.

Wir haben aber keinen Grund, wütend zu *bleiben*. Wut sollte ein Lagerfeuer sein, kein Waldbrand. Eltern verhalten sich weise, wenn sie in der akuten Situation ihren Ärger aussprechen und ihn dann wieder loslassen. Wenn wir nach zehn Jahren immer noch über eine zu hohe Telefonrechnung grollen, haben wir zugelassen, dass Ärger zerstörerisch wirkt.

Manche von uns behandeln Ärger wie einen Teddybären. Wir halten ihn im Arm, streicheln ihn und kuscheln uns jeden Abend in sein Fell. Vielleicht haben wir inzwischen gelernt, den »Ärger-Bär« zu lieben und haben Angst, uns von ihm zu trennen. Die Frage ist eigentlich ganz klar: Ist uns unser Ärger wichtiger als die Beziehung zu unserem Kind?

Wir sind keine Ungeheuer, nur weil wir wütend werden. Verlust und Zerbruch werden normalerweise von unserem Ärger begleitet. Wir haben etwas verloren und das hat unser Herz gebrochen. Wut kann eine gesunde Reaktion darauf sein.

So ähnlich ist es mit Adrenalin. Wenn wir uns fürchten, wird viel Adrenalin freigesetzt, und das befähigt uns, auf die Bedrohung zu reagieren. Für kurze Zeit sind wir stärker und schneller. Aber wenn die Bedrohung vorüber ist, sollte sich das Adrenalin wieder auf seinen vorigen Stand reduzieren. Genau so ist es mit der Wut.

Für trauernde Eltern ist ein großes Spektrum an Gefühlen möglich. Die meisten davon sind wertvoll zur passenden Zeit und in der richtigen Dosierung. Weise Eltern lassen sich von ihren Gefühlen nicht in die Flucht schlagen oder gestatten ihnen nicht, dass sie unnötig Zerstörung anrichten. Sie ergreifen die Zügel und behalten die Kontrolle. Wenn Sie das schaffen, arbeiten Ihre Gefühle eher für Sie als gegen Sie. Lang anhaltende Wut hat kaum die Fähigkeit, in unseren Kindern den Lebensstil zu fördern, den wir uns wünschen. Vielleicht haben Sie schon bemerkt, dass nur wenige junge Leute aufgrund von Angst ihr Verhalten ändern. »Denn des Menschen Zorn tut nicht, was vor Gott recht ist« (Jakobus 1,20). Die besten Gefühle sind die, die wir für uns arbeiten lassen. Wut arbeitet immer gegen uns, wenn sie außer Kontrolle gerät oder zu lange anhält.

10. Geheimnisse unvollkommener Familien

In Washington, wo ich aufwuchs, gab es eine Familie, die ich sehr bewunderte. Sie schienen gut miteinander auszukommen, waren meistens freundlich und hatten einen engen Zusammenhalt.

Eines Tages nahm ich mir ein Blatt Papier und schrieb auf, was ich alles über den Hintergrund dieser Harmonie wusste:

- Der Vater hatte eine vierzigjährige Schwester, die Alkoholikerin und meistens arbeitslos war.
- Die Mutter hatte einen Elternteil, der schon mehrmals in psychiatrische Anstalten eingewiesen werden musste.
- Die Mutter hatte einen Bruder, der unehrenhaft aus der Armee entlassen wurde.

Das war die Vorbild-Familie, der viele meiner Freunde nacheifern wollten.

Nichts von dem, was diese Familie erlebt hat, änderte etwas daran, dass sie für viele ein gutes Beispiel waren. Sie waren normal, wie so viele Familien, und hatten ihre Probleme. Sie kamen in bestimmte Situationen, die sie so gut es ging zu lösen hatten.

Warum können wir nicht alle so eine nette Familie haben? Wahrscheinlich wird das der Fall sein. Wir werden ein Kind haben, das davonläuft, zwei Verwandte werden sich scheiden lassen, ein Bruder wird an Krebs erkranken, ein Onkel wird drogenabhängig und ein Cousin wird bankrott gehen. Man kann davon ausgehen: so ist das wirkliche Leben.

Wir müssen uns das immer wieder klarmachen, damit wir sicher sein können, dass wir normal sind. Rebellion, Schande, Enttäuschung, Verlust, Versagen, Betrug und sogar Wahnsinn gehören zu den Bedingungen des Menschseins. Wir können erwarten, dass einiges oder sogar alles auch unsere Familie treffen kann. Sogar die Familie in der Gemeinde, die wir vielleicht sehr bewundern, ist gegen diese Arten von Kummer nicht immun. Einige von uns werden mehr Kummer haben, andere weniger. Er breitet sich nicht überall gleichmäßig aus, aber jeder von uns wird seinen Teil davon zu ertragen haben.

Es ist nicht unsere Sache, Vergleiche mit anderen Familien anzustellen. Es sollte uns nicht trösten, dass bei Familie Meier noch ein Kind mehr auf die schiefe Bahn geraten ist als bei uns.

Nur selten fällt das Verhalten unseres Kindes völlig aus dem Rahmen unserer Familiengeschichte. Bei näherem Hinschauen ist unsere familiäre Vergangenheit gespickt mit regelwidrigen und empörenden Vorkommnissen. Unsere Probleme ähneln denen anderer Familien in unserem »Clan« und vielen Familien im Allgemeinen.

Ein Vater erzählte: »Bei all den Schwierigkeiten, die unser Sohn verursacht hat, muss ich zugeben, dass er seinen Vorfahren gleichkommt. Vielleicht haben sie es nicht so auf die Spitze getrieben wie er, aber ich kann nicht behaupten, dass mir dieses Verhalten vollkommen fremd ist.

Auf meiner Seite der Familie gab es einige ›Abtrünnige‹, die die Stadt und die Familie unter unguten Bedingungen verlassen mussten. Die Seite meiner Frau war noch etwas schlimmer. Wenn man es recht bedenkt, sollten wir nicht zu sehr schockiert sein. Enttäuscht ja, aber nicht schockiert.«

Es ist vielleicht nur ein geringer Trost, dass andere Familien Ähnliches durchmachen mussten, wie wir – aber auch wenig Trost kann uns helfen. Es beweist, dass wir nicht »anders« sind. Normale, alltägliche, verantwortungsvolle Menschen mit liebevollen Verwandten geraten hin und wieder in unmögliche Situationen. Wir sind Menschen mit alltäglichen Problemen, wir geraten in alltägliches Unglück und haben auch alltägliche Erfolge.

Wir müssen uns den Glauben an diese Alltäglichkeit bewahren. Wenn wir das nicht tun, sehen wir uns selbst womöglich als eine Art außerweltliche Unmenschen. Unsere Fähigkeit, mit der Situation fertig zu werden, steht in unmittelbarem Zusammenhang mit unserer Bereitschaft, uns weiterhin als normale Menschen mit normalen Problemen zu sehen. Menschen erleiden Tragödien – und jetzt hat es eben uns getroffen.

Wir alle müssen uns mit ähnlichen Schwierigkeiten auseinander setzen. Nicht identisch, aber ähnlich. Die Bibel bestätigt, dass wir Prüfungen ausgesetzt sind.

»Bisher hat euch nur menschliche Versuchung getroffen. Aber Gott ist treu, der euch nicht versuchen lässt über eure Kraft, sondern macht, dass die Versuchung so ein Ende nimmt, dass ihr's ertragen könnt« (1. Korinther 10,13).

Was an mir zerrt, zerrt auch an Ihnen. Was meine Familie angreift, greift auch Ihre Familie an. Die Angriffe erscheinen auf unterschiedliche Art und mit unterschiedlicher Stärke. Aber die Verletzungen sind für alle gleich.

Geheimnisse bewahren

Welche Geheimnisse sind in unseren Häusern oder in unserer Familiengeschichte verborgen? Normalerweise gibt es drei Arten von Geheimnissen, die wie ein Gespenst aus der Vergangenheit über uns hängen können:

- Geheimnisse, die nicht wert sind, dass man sie erwähnt;
- Geheimnisse, die wir vergessen haben;
- Geheimnisse, die wir hüten – wie einen Gefangenen, den wir nicht entkommen lassen wollen.

Geheimnisse sind nicht immer schlimm oder unheimlich. Manchmal sind Geheimnisse angenehme Erinnerungen, die wir uns bewahren, um uns daran zu erfreuen. Andere Geheimnisse jedoch können vergangene Ereignisse betreffen, die wir auf jeden Fall verbergen wollen und von denen wir hoffen, dass niemand sie herausfindet. Während meiner Zeit in der Oberschule habe ich ein ganzes Jahr Pause gemacht. Im Alter von 15 Jahren kam ich eines Tages nach Hause und habe meinem Vater erklärt, dass ich nicht mehr zur Schule gehen würde. Ein Jahr später habe ich dann die Eingangstür der Eastern Highschool wieder gefunden, um meinen dornigen Bildungsweg fortzusetzen.

Meine Kinder werden davon zum ersten Mal hören, wenn sie dieses Buch lesen. Warum ich es ihnen nicht früher gesagt habe? Bis vor kurzem hatte ich vergessen, wie viel Kummer ich meinem Vater damals gemacht habe. Als meine Kinder in Schwierigkeiten waren, habe ich niemals daran gedacht, ihnen diesen Leckerbissen vorzusetzen.

Wenn wir uns unsere Vergangenheit anschauen, sogar die jüngere Vergangenheit, werden uns wahrscheinlich eine ganze Reihe Geheimnisse einfallen. Einige haben wir vielleicht unserer Familie erzählt. Aber die Strafzettel und einige andere Peinlichkeiten behalten wir lieber für uns, um uns in aller Stille darüber zu amüsieren.

Viele Frauen haben eine Abtreibung hinter sich und haben es nie ihrer Familie erzählt. Einige Eltern waren erst sechs Monate verheiratet, als der Nachwuchs ankam. Aber sie haben es nie fertig gebracht, darüber zu sprechen. Einige Mütter wurden als Kinder missbraucht. Ein Cousin hat sich das Leben genommen. Ein Großvater hatte schwere Depressionen. Eine Familie hatte vier Kinder von drei verschiedenen Vätern.

Es gibt uns eine neue Blickrichtung, wenn wir bereit sind, diese Geheimnisse anzusehen oder sogar darüber zu sprechen. Es gibt in unserer Familie keine Tradition der Fehlerlosigkeit. Und durch das Annehmen und Bejahen dieser Tatsache können wir neue Kraft bekommen.

Wenn wir uns Geschichten aus dem Mittleren Westen (der USA) anhören, dann könnte man denken, dass alle Vorfahren mit Wagenladungen voll Saatgut und ihrer Familienbibel als Pioniere ins Land gekommen sind und dass sie mit schwerer Arbeit ehrlich ihren Lebensunterhalt verdient haben. Man fragt sich dann, mit wem wohl die Trunkenbolde, Kriminellen und die anderen Halunken verwandt waren, die zur gleichen Zeit eingewandert sind.

Geheimnisse können uns so mächtig im Griff halten, dass man ihr Gewicht erst ermessen kann, wenn sie von uns genommen werden. Wir merken das wirkliche Gewicht eines Sacks erst, wenn ihn uns jemand abnimmt. Das Gleiche geschieht, wenn wir die Risse in unserer Familienrüstung zugeben können.

Wenn wir uns überwinden können, einige unserer Geheimnisse der Familie oder guten Freunden mitzuteilen, sind wir meistens sehr erleichtert. Vielleicht müssen wir sie nur vor uns selbst zugeben. Vielleicht müssen wir sie unserer Familie mitteilen, damit sie einen Nutzen durch diese Information hat. Es könnte sein, dass unsere Familie diese Geheimnisse kennen muss, um die richtige Perspektive für das zu bekommen, was sich gegenwärtig in der Familie abspielt.

Der Mythos des Perfektionismus

Dieser Mythos besagt, dass es ein Rezept gibt, mit dem man eine perfekte Familie wird. Obwohl wir alle wissen, dass es keine vollkommenen Familien gibt, glauben viele dennoch, dass es so etwas wie ein Patentrezept dafür gibt.

Wir werden überschwemmt mit »Sieben Schritte zum verantwortungsbewussten Kind«, »Acht Schritte zur harmonischen Familie«, »Sechs Schritte, um unserem Kind Selbstvertrauen zu geben« und »Fünf Schritte zu gehorsamen Kindern«. Das Problem mit diesen Titeln ist, dass sie unrealistische Erwartungen wecken. Sie verführen Eltern dazu, diesen Schritten zu folgen, um einen bestimmten Typ von Kind zu bekommen. Uns wird gesagt, wenn wir Schritt für Schritt den Anweisungen folgen, würden wir zur perfekten Familie.

In Wirklichkeit sind das Fallen, in die wir sehr leicht tappen. Das Rezept besagt, dass die vollkommene Familie möglich ist. Wir folgen diesem Rezept, aber die Familie ist alles andere als perfekt. Was ging schief? Wir schließen daraus, dass das Problem bei uns liegt. Wir haben die fünf Schritte befolgt, aber unser Kind wurde nicht gehorsamer. Deshalb müssen wir etwas falsch gemacht haben.

Rezepte für »glückliches Familienleben« leiten uns fehl, und wir enden in gewaltigen Schuldgefühlen. Das ist die Kehrseite der Überbetonung von Familie – wir idealisieren sie, und wenn das Ideal nicht erreicht wird, halten wir uns für Versager.

Der Mythos der vollkommenen Familie existiert. Die Wirklichkeit der vollkommenen Familie gibt es nirgends. Überhaupt nirgendwo.

Christliche Ansprüche aufgeben

Seit Hunderten von Jahren machen christliche Familien sich selbst den Druck, vor anderen gut dazustehen. Eine solide, intakte – ja selbst eine unterwürfige – Familie war ein Zeichen treuer Nachfolge und Geistlichkeit. Die Familien fühlten sich verpflichtet, nach außen einen guten Eindruck zu machen, selbst wenn das Familienleben intern in den Balken krachte und rumorte. Niemand spürte diesen Druck mehr als Pfarrer und geistliche Leiter. Ungehorsame und rebellische Kinder waren eine Schande für jeden mit einer öffentlichen Aufgabe. Heute tun uns die armen Menschen leid, die so hart gekämpft haben, um ihre ungebärdigen Kinder zu verbergen.

Heute gibt es allgemein mehr Transparenz. Eine Gemeinde ist eher bereit, einen Pfarrer zu akzeptieren, der Schwierigkeiten mit seinen Teenagern hat. Der ist seinerseits offener, persönliche Probleme mit Einzelnen, mit dem Kirchenvorstand oder sogar mit der ganzen Gemeinde zu besprechen.

Der Mythos der vollkommenen Familie ist schwer auszurotten, aber an vielen Stellen wird er als das erkannt, was er ist: ein Mythos. Wir mögen intakte Familien, aber wir sind bereit, auch die anderen anzunehmen. Wenn ein Sohn die Werte in seiner Familie ablehnt oder sich vom Glauben abwendet, kommt es nicht mehr so häufig vor, dass die anderen Christen die ganze Familie verurteilen. Es geschieht eben, dass die Kinder sich abwenden, und es geschieht recht häufig.

Es gibt auch traurige Ausnahmen. Ein Pfarrer in Wisconsin wurde kürzlich entlassen, weil sein Sohn immer wieder auffällig wurde. Der Junge war hinter den Mädchen her, er trank, stritt und schlug sich mit anderen und raste mit dem Auto durch die Stadt. Das wurde für die Gemeinde immer unerträglicher, zumal einige der Gemeinde-Jugendlichen in diese Aktivitäten verwickelt waren.

Der Pfarrer war ein aufmerksamer Vater, aber er hatte einen höchst renitenten Sohn. Unglücklicherweise musste die ganze Familie leiden, weil der Sohn nicht bereit war, einzulenken und sein Verhalten zu ändern. Besonders schlimm war es, dass dadurch ein guter Pfarrer seine Arbeitsstelle verlor.

Ein anderes hässliches kleines Geheimnis dringt jetzt auch mehr und mehr an die Öffentlichkeit der Gemeinden: christliche Elternhäuser bringen nicht automatisch christliche Kinder hervor.

Manchmal führen christliche Kinder ein entsetzliches Leben. Nur noch selten prahlen wir damit, dass christliche Familien besser sind als nicht-christliche. Es hängt zu viel von den einzelnen Personen ab, als dass wir diese kühne Behauptung aufrecht erhalten könnten.

Mehr und mehr sind christliche Gemeinden die Anlaufstelle für problematische Familien. Christliche Eltern berichten in ihren Gebetsgruppen, dass ihre Tochter die falschen Freunde hat. In Männergruppen berichten Väter von ihren Söhnen, die zu viel trinken oder festgenommen wurden.

Der Schleier wird gelüftet, und wir sehen uns als gemeinsam Reisende in einer gefährlichen Welt. Genau hier beginnt die Annahme.

Wir akzeptieren unsere unvollkommene Familie

Einige grundlegende Erkenntnisse können jeder Familie helfen, die unter dauernder Anspannung leidet. Versuchen Sie, die folgenden Tatsachen zu akzeptieren.

1. Meine Familie ist nicht vollkommen.
2. Meine Vorfahren waren nie vollkommen.
3. Unvollkommene Familien sind der Normalfall.
4. Ich kann mit einer unvollkommenen Familie leben.
5. Vielen ist es möglich, meine unvollkommene Familie anzunehmen.
6. Einige werden meine Familie ablehnen.
7. Weil weder ich noch mein Partner perfekt sind, haben wir keinen Grund eine perfekte Familie zu erwarten.

8. Meine unvollkommene Familie macht es mir möglich, andere Familien anzunehmen, die ebenfalls unvollkommen sind.
9. Ich muss unbedingt damit aufhören, mir selbst Leid zu tun.
10. Meine unvollkommene Familie hat mich widerstandsfähiger gemacht.
11. Ich muss meine Aufmerksamkeit auf die guten Seiten meiner Familie richten, und aufhören, mich nur bei den Schwächen aufzuhalten.
12. Es gibt keine Garantie für eine perfekte Familie, nur weil ich Christ bin.

Das ist nur eine Liste, und sie hat keine Zauberkraft. Aber wenn man sie immer wieder anschaut und sich daran hält, kann sie helfen, unsere Familie mit anderen Augen anzusehen.

Wir sind in der Gefahr, die Familie auf ein Podest zu heben, und ihre Einheit über alles zu stellen. Familien sind *außerordentlich* wichtig, aber sie sind dennoch nicht alles. Wenn Familie unser Ein und Alles ist, sind wir auf Rückschläge denkbar schlecht vorbereitet.

Das Leben kann trotzdem weitergehen, auch wenn unsere Familien verwundet sind, in Unordnung oder in Aufruhr.

Es kann sogar sehr gut weitergehen. Wir benötigen Lebenswillen für den Fall, dass unser Sohn einer Sekte beitritt oder unsere Tochter Drogen nimmt.

Obwohl es sich hier um entsetzliche Katastrophen handelt, wird es weitergehen für diejenigen, die das Leben in einem größeren Zusammenhang sehen können.

Gott gibt uns ein breites Spektrum an Möglichkeiten und Gründen, das Leben anzupacken. Eine problematische Familie ist niemals Grund genug, alles hinzuwerfen und das Leben zu hassen.

11. Geburtstage und Feiertage

»Am schlimmsten ist der Apfelkuchen«, sagte mir eine Mutter, »den mochte er am liebsten. Zu Weihnachten habe ich immer dafür gesorgt, dass ein Apfelkuchen auf den Tisch kam, dann war Derek glücklich. Jetzt ist das zu schmerzlich. Ich weiß nie, ob er kommen wird oder nicht. Ich könnte es nicht aushalten, wenn Derek käme und ich hätte keinen Kuchen. Aber wenn ich einen vorbereite und er kommt nicht, bin ich unendlich traurig, und der Kuchen schreit mich geradezu an.«

Geburtstage, Weihnachten, Muttertag, Hochzeitstage – alle diese Anlässe können in einer Familie, die Verluste und Trennungen auszuhalten hat, zu einer schmerzhaften Erfahrung werden. Wir betrachten diese Anlässe gewöhnlich als Zeiten, in der sich die Familie wieder trifft. Jetzt werden wir daran erinnert, dass die Familie *nicht* mehr vollständig ist.

Es ist eine Sache, wenn die Tochter in Boston wohnt, und der Weg für die Feiertage zu weit ist. Aber es ist etwas anderes, wenn der Sohn in der gleichen Stadt lebt und sich weigert zu kommen. Ganz schlimm wird es, wenn nur noch das Foto an der Wand an die verstorbene Tochter erinnert.

Gewöhnlich entstehen zwei Kategorien bei den Familien. Die einen bleiben bei den alten Traditionen und Gewohnheiten. Die anderen ändern ihre Abläufe und suchen nach etwas Neuem. Wahrscheinlich geraten die Feiertage am besten, wenn einige Gewohnheiten beibehalten werden, aber auch viel neue dazukommen.

Die Gewohnheiten verändern

Es ist das Ziel, die Person nicht zu vergessen. Wenn sie nicht mehr bei Ihnen ist, heißt das nicht, dass sie nie existiert hat. Es ist unsinnig, wenn man versucht, jemanden aus seinen Gedanken zu verbannen. Man spielt dann nur mit den Tatsachen.

Eine weit bessere Lösung ist es, wenn man zumindest eine Gewohnheit beibehält, die dieser Person etwas bedeutet hat. Wenn sie Karpfen zu Weihnachten mochte, dann gibt es eben Karpfen. Wenn sie es liebte, als Erste – oder als Letzte – die Geschenke auszupacken, dann lassen Sie es dabei, aber sprechen Sie darüber, warum sie es tun. Sprechen Sie über die Person, auch wenn es nur einmal ist. Es entstehen viele Probleme, wenn man es ablehnt oder versäumt, die »problematische« Person im Familiengespräch zu erwähnen. Es gibt einen guten Mittelweg, wo man über den geliebten Menschen sprechen kann, ohne sich endlos dabei aufzuhalten. Auf lange Sicht wird der Schmerz erträglicher, wenn es gelingt, den Namen in einer ganz normalen Tonlage auszusprechen und zu gebrauchen.

Führen Sie neue Bräuche ein, damit nicht die ganze Familie zu sehr an traurigen Erinnerungen festhält. Wenn die Familie in dem Jahr stehen bleibt, als »sie« zwölf war, besteht die Gefahr, dass alle in der Vergangenheit gefangen bleiben.

Beziehen Sie den Menschen mit ein, der nicht gegenwärtig ist, zumindest nicht zur Zeit – und widmen Sie sich gleichzeitig den Familienmitgliedern, die zur Verfügung stehen, um sich an ihnen zu freuen.

Einladungen aussprechen

Wenn Beziehungen ernsthaft in Schwierigkeiten geraten, sind Missverständnisse an der Tagesordnung. Betrachtet sie sich als eingeladen, oder nicht? Ist die Familie ärgerlich auf sie, oder nicht? Wäre es allen lieber, sie würde gar nicht kommen?

Sagen Sie deutlich, was Sie wollen. Sie soll wissen, dass sie willkommen ist. Seien Sie freundlich und aufrichtig. Betteln Sie nicht.

Vermeiden Sie Manipulation. Lassen Sie sich nicht zu Bestechungen hinreißen.

»An Heiligabend wollen wir um acht Uhr essen. Wir würden uns freuen, wenn du dabei bist. Du kannst deinen Freund mitbringen.«

Danach machen Sie sich Gedanken über den möglichen Ablauf. Was genau werden Sie tun, wenn die beiden kommen? Was geschieht, wenn sie nicht kommen? Machen Sie es so einfach wie möglich.

Vielen Eltern kommt es schrecklich vor, zweigleisig Pläne zu machen und dabei immer im Ungewissen zu bleiben, aber das ist eine der Auswirkungen bei gebrochenem Herzen. Es geht nicht mehr nett und gemütlich zu, deshalb müssen wir uns mit Teilerfolgen zufrieden geben. Besorgen Sie ein Geschenk. Jeder in der Familie weiß, dass es Enttäuschungen geben kann, aber so ist das nun mal. Wenn er oder sie nicht erscheint, übergehen Sie das so gut wie möglich und bewahren Sie (sich) die Feststimmung.

Hier gibt es ein weiteres Argument für preiswerte Geschenke. Wenn ein vierhundert Mark teures Geschenk ungeöffnet liegen bleibt, ist das schwerer zu verkraften, als wenn der Inhalt nur dreißig Mark wert ist. Der emotionale Stress ist schon Belastung genug.

Die Geschenke sind sowieso der unbedeutendste Teil der Feiertage oder des Geburtstages. Was zählt, sind die Familie, Freunde und gutes Essen. Wenn es gelingt, den Geschenken etwas von ihrer Wichtigkeit zu nehmen, hat sich schon ein Bereich erledigt, der Probleme verursachen könnte.

Uns selbst schützen

Eltern wurden häufig verletzt. Sie wurden enttäuscht, schockiert, beleidigt, verwirrt und fühlten sich vernichtet. Sie wurden mehr als einmal blamiert. Es ist verständlich, wenn sie nur sehr zögernd die Hand ausstrecken, weil sie damit rechnen müssen, dass ihnen erneut die Haustür dagegengeschlagen wird.

Es spricht nichts dagegen, dass Eltern lernen, sich zu schützen. Diejenigen, die dazu neigen, sich in ihrem Kummer zu ertränken, sollten sich bemühen, zur Tagesordnung überzugehen.

Andere haben vielleicht eine Neigung, Schmerz und Qualen fast zu begrüßen. Sie sollten nach professioneller Beratung suchen.

Aber wir müssen auch zum Risiko bereit sein, denn das ist bei Beziehungen zwischen Menschen unumgänglich. Auch wenn Beziehungen sehr strapaziert sind, ist das manchmal nötig. Aber es sollte möglichst ein *kalkulierbares* Risiko sein. Legen Sie vorher fest, wie weit Sie gehen wollen und wann es genug ist.

Vielleicht bekommen Sie für Ihren Einsatz nur einen einzigen Nachmittag im Jahr anlässlich eines Feiertages – aber den sollten Sie ohne Abstriche genießen. Er kann kein Ausgleich sein für all die Verwundungen in der Vergangenheit. Versuchen Sie auch nicht, glückliche Kindheitstage wieder einzufangen. Und hoffen Sie nicht, dass dieser Nachmittag der Beginn einer wunderbaren Zukunft ist.

Freuen Sie sich in diesen wenigen Stunden über das, was Sie haben: einen angenehmen Nachmittag mit einem alten Freund.

12. Vergebung ist schwierig

»Weiß Marc wohl, wie sehr er die ganze Familie verletzt hat?«, überlegte eine Mutter. »Sein Trinken und seine Straftaten, die Autounfälle. Mir scheint, er ist sich gar nicht bewusst, welchen Schmerz er verursacht hat. Ich könnte ihm vergeben, aber er hat sich überhaupt nicht unter Kontrolle.«

»Manchmal bin ich nahe daran, wütend auf Lisa zu sein«, berichtete ein Vater, »wenn sie ihren Sicherheitsgurt angelegt hätte, könnte sie heute noch bei uns sein. Vielleicht werfe ich ihr das vor? Ich kann nicht sagen, ob ich ihr wirklich vergeben habe.«

Vergebung ist ein sehr bedeutender Wert. Die meisten Eltern würden ihren Kindern gern alles aus tiefstem Herzen vergeben, ganz gleich, was sie getan haben. Es klingt recht einfach. Es klingt vor allem sehr christlich. Aber Eltern mit gebrochenem Herzen haben mit dem Vergeben Schwierigkeiten, denn die Situationen sind alles andere als einfach.

Wenn wir es aber versäumen, uns mit dem schwierigen Thema der Vergebung herumzuschlagen, ist unsere innere Heilung und eine gesunde Zukunft in Frage gestellt. Wir dürfen es uns hier auf keinen Fall zu leicht machen.

Es ist viel leichter, dem Kommunismus zu vergeben oder dem Finanzamt, oder denen, die die Auslandsschulden verursachen, als seinen eigenen Kindern. Wir können Räubern vergeben oder Klatschtanten oder -onkeln, sogar Brandstiftern – aber mit Kindern ist es zu nah und zu persönlich, um so leicht damit fertig zu werden.

Es ist unglaublich hart, mit der Tatsache zu leben, dass unser eigenes Kind – leiblich oder adoptiert – uns sozusagen in den Rücken fällt, um uns zu vernichten.

Ein Kind ist jemand, den wir lieben und für den wir Opfer gebracht haben. Die meisten Eltern können sich nicht vorstellen, ihrem Kind absichtlich wehzutun. Aber es scheint, dass unser Kind wissentlich und mit vollständiger Missachtung sich selbst verletzt, andere verletzt und seinen Eltern Kummer macht. Es dauert für Eltern sehr lange, diesen Zusammenhang zu verstehen, falls sie ihn überhaupt je verstehen. Oft lassen wir uns jahrelang das Verhalten unserer Kinder bieten oder finden Entschuldigungen dafür.

- Das geht vorüber.
- Sie hat es nicht so gemeint.
- Ihm ist nicht klar, wie sehr er uns damit verletzt.
- Das wirkliche Problem sind seine Freunde.
- Die Polizei behandelt ihn unfair.
- Sie ist so ein sensibles Kind.
- Teenager sind nun einmal so.
- Ich habe auch viel Unsinn angestellt, als ich noch ein Kind war.

Zuerst weichen wir verständlicherweise der Wahrheit aus. Wir wissen nicht genau, was vor sich geht, aber wir denken, dass unser Kind im Großen und Ganzen in Ordnung ist. Wenn ein elf Jahre altes Kind ständig andere Familienmitglieder verletzt, zögern Eltern, es dafür verantwortlich zu machen. Jeder ist überzeugt davon, dass es diese Phase überwindet und zu einem netten jungen Mädchen wird. Wir können unserem Kind nicht wirklich vergeben, bis wir sagen können: »Dieses Kind hat einen großen Fehler gemacht und dieses Kind ist dafür verantwortlich.« Folglich gibt es Eltern von »Kindern«, die einundzwanzig, einunddreißig oder einundvierzig sind und die sich nicht überwinden können zu sagen: »Mein Kind hat wiederholt, wissentlich und mit voller Absicht andere Menschen verletzt.« Diese Aussage ist in den Torbogen gemeißelt, der zur Vergebung führt.

Shirley stand am Abend der Schulentlassungsfeier ihres Sohnes im Vorgarten und sagte zu ihm: »Du bist um ein Uhr wieder zurück, und ich erwarte, dass du nüchtern bist. Wenn du um drei oder um vier zurückkommst und betrunken bist, dann verletzt das deine Großeltern, deine Tante, deinen Vater und mich. Hast du das verstanden? Ein Uhr und nüchtern.«

»Es ist mein Leben«, antwortete der Sohn mit wütendem Gesicht, »es ist nicht meine Schuld, wenn sie verletzt sind. Das ist ihr Problem.« Damit wandte sich der Neunzehnjährige ab und ging davon. Seine Mutter weiß immer noch nicht, was sie von diesem Auftritt halten soll. Verhielt er sich seinen Verwandten gegenüber selbstsüchtig und grausam? Sollte er sich ihren Gefühlen gegenüber verpflichtet fühlen? Oder war es nur ein weiterer Akt der Ablehnung gegenüber den Menschen, die ihn lieben?

Shirley kann sich nicht überwinden, ihrem Sohn zu vergeben, weil sie nicht zugeben kann, dass er etwas falsch gemacht hat. Und so geht es Millionen von Eltern, die sich in Bezug auf das trotzige Verhalten ihrer Kinder etwas vormachen. Marcel Proust sagte am Anfang des 20. Jahrhunderts: »Von Leiden werden wir nur geheilt, wenn wir es bis zum Ende durchstehen müssen.«

Wir werden nicht heil werden, wenn wir nicht zur Vergebung durchdringen können. Und wir können Vergebung nicht erlangen, bis wir einen gründlichen, intensiven Blick auf das Verhalten unseres Kindes werfen und sagen können: »Das ist mies, abstoßend und widerlich.« Damit setzen wir einen Fuß auf die Straße der Wiederherstellung.

Den Hass zugeben

Eine Aussage von Lewis B. Smedes besagt: »Wenn wir unseren Hass verleugnen, begeben wir uns auf einen Umweg aus der Krise der Vergebung.« Einige von uns hassen, was unser Kind getan hat. Wir hassen, was er gesagt hat. Wir hassen die Art, wie er mit uns umgegangen ist. Aber weil er oder sie ein Teil unserer Familie ist und daher jemand, den wir lieben und beschützen, können wir nicht zugeben, dass wir die Person oder ihr Tun hassen. Folglich verleugnen wir, was wir wirklich fühlen. Wenn wir aber verleugnen, was wir fühlen, ist Vergebung ausgeschlossen.

Eltern in den mittleren Jahren standen an dem Grab ihres jüngeren Sohnes. Beide empfanden Hass, während sie weinten. Sie hassten das, was er getan hatte. Er war betrunken, als er mit 140 km/h gegen einen Baum raste. Er und seine Freundin wurden getötet und ein anderer Freund wurde lebensgefährlich verletzt. Diese Eltern können zugeben, dass sie hassen, was ihr Sohn getan hat. Aber sie haben Angst, sich zu fragen, ob sie auch ihren Sohn hassen. Stattdessen schwanken sie hin und her und versuchen, verständnisvoll zu sein. Jungen sind eben Jungen, überlegen sie. Ihm war nicht klar, dass er zu viel getrunken hatte. Vielleicht haben ihn seine Freunde angestachelt, schneller zu fahren. Er wollte einfach seine Grenzen austesten. Das tun viele Jungen, ohne dass sie dabei an einem Baum landen.

Eltern neigen dazu, Entschuldigungen zu finden, anstatt den Tatsachen ins Auge zu sehen und ihren Hass zuzugeben. Ihr schlaues Taktieren verhindert die Heilung, die aus der Vergebung kommt.

Die Botschaft ist nicht, dass wir ab jetzt unser Kind zu hassen haben.

Stattdessen sollten diejenigen, die ihr Kind tatsächlich hassen, diesen Sachverhalt akzeptieren, dazu stehen und sich dann auf den Weg machen und vergeben lernen. Die Mehrheit von uns allen gehört in diese Kategorie.

Wir ärgern uns oft über Menschen, die wir kaum kennen. Zum Beispiel über den Autofahrer, der uns auf der Autobahn riskant überholt. Dieser Ärger ist oft nur oberflächlich und schnell überwunden. Nur selten wird daraus ein tiefer Hass oder nachtragende Wut.

Wir neigen eher dazu, die zu hassen, die uns nahe stehen und die wir lieben. Häufig erstreckt sich der Hass auf die Menschen, denen wir vertrauen. Mit ihnen essen und schlafen wir, wir erzählen ihnen vertrauliche Geschichten. Wenn sie unsere Liebe und unsere Hingabe verraten, sind unsere Gefühle und unser Herz in Aufruhr.

Wir sind von jemand verletzt worden, den wir lieben. Es ist verständlich, dass wir die Person hassen, die diesen Schmerz verursacht hat.

Entscheidung zur Vergebung

Unser Sohn ist mit dem Gesetz in Konflikt geraten. Er hat seine Schwestern bestohlen und sich nach Australien abgesetzt. Er beantwortet keinen unserer Anrufe – was sollen wir davon halten, und wie sollen wir uns fühlen? Lieben wir einen Sohn, der uns ablehnt und uns missbraucht?

Strecken wir weiterhin die Hand aus nach jemand, der sie nicht ergreift?

Reden wir gut über ihn, obwohl wir das Gegenteil denken?

Weil wir nicht genau wissen, welche Gefühle angemessen sind, haben wir uns daran gewöhnt, diese Person abzulehnen. Eineinhalb Jahrzehnte unverantwortliches Verhalten haben uns zu diesem Punkt gebracht. Wir haben uns gegen unser eigenes Kind abgeschottet. Jetzt können wir weiterleben, ohne uns ständig von neuen Angriffen und schlechten Nachrichten bedroht zu fühlen.

Wenn wir es dann endlich geschafft haben, uns in diesem mentalen Kokon der Ablehnung einzurichten, kommt jemand daher und fragt: »Hast du deinem Kind jemals vergeben?«

Der absolute Horror!! Hat mein Gegenüber überhaupt eine Vorstellung davon, was er verlangt? Zuerst habe ich dieses Kind aus tiefstem Herzen geliebt. Dann habe ich mich zu der Erkenntnis durchgerungen, dass mein Kind ein Nichtsnutz ist, der sich nur für sich selbst interessiert. Es war schmerzlich genug, das einzugestehen und anzunehmen. Jetzt verlangt jemand, ich sollte meinem Kind vergeben? Das ist so, als wenn ich viele Male vergeblich versucht habe, in zwanzig Minuten über den See zu rudern, und es wurden doch immer fünfunddreißig. Jetzt fordert mich jemand auf, es trotzdem wieder zu versuchen.

Eltern werden aufgefordert, den Anker zu lichten und in das Boot der Vergebung zu steigen. Aus Furcht davor, wohin das führen könnte, bleiben Eltern lieber am Ufer und halten an Hass und Ablehnung fest. Oder sie klammern sich an eine falsch verstandene Unschuld und schrecken davor zurück, davon abzulassen.

Wer sich dazu entschließt, Vergebung zuzulassen, wird erleben wie hilfreich das ist.

Wer aber seinen Ärger festhält, kann die Befreiung von Bitterkeit und Hass nicht erfahren. Nur wer erkennt, wie nötig er selbst Vergebung hat, kann etwas für sich gewinnen. Niemand sollte versuchen, uns zu etwas zu zwingen, was wir nicht für notwendig halten.

Vergebung ist so etwas wie eine Radikal-Kur. Sie widerspricht unseren natürlichen Empfindungen. Vergeltung, Selbstmitleid, Selbstschutz, Verleugnung, Abwehr und Hass sind die normalen Reaktionen. Vergebung ist eine geistliche Übung und Aufgabe. Auch jemand, der nicht im Glauben lebt, muss sich bei der Vergebung auf eine geistliche Ebene begeben, denn Vergebung gehört nicht zum natürlichen Repertoire menschlichen Empfindens.

Wenn uns jemand weh tut, ist es natürlich, dass wir es ihm heimzahlen möchten. Wir wollen ihn verletzen, um uns zu schützen, und um ihm ein Lektion zu erteilen – es sei denn, wir betrachten die Sache von der geistlichen Seite.

Jeder, der einmal verletzt wurde, hat Verständnis dafür, wie schwierig vergeben sein kann. Es wird sehr viel dabei gefordert. Eltern mit gebrochenem Herzen verstehen das und werden zögern, andere leidende Eltern zu verurteilen, denen es schwer fällt, ihren Kindern zu vergeben.

Wenn sich ein Elternteil zur Vergebung durchringt, heißt das nicht unbedingt, dass er auch bereit sein muss, erneut verletzt zu werden. Eltern können einem Kind alle vergangenen Verfehlungen vergeben und sich dennoch weigern, es wieder bei sich aufzunehmen. Wir können einem Kind vergeben, aber wir leihen ihm trotzdem kein Geld mehr.

Vergebung heißt nicht, dass wir unseren Sinn für Sicherheit aufgeben. Wenn jemand Geld veruntreut hat, werden wir ihn nicht zum Bankdirektor machen. Wir können einem Alkoholiker vergeben, aber wir werden uns weiter weigern, ihm Alkohol zu kaufen. Eltern können vergeben, aber dennoch angemessen vorsichtig und wachsam sein.

Positive Folgen der Vergebung

Es hat mehrere positive Folgen, wenn wir uns dazu entschließen können, unserem Kind zu vergeben. Jede einzelne kann unser gegenwärtiges und ebenso unser künftiges Leben verändern.

Wir müssen die Vergangenheit nicht korrigieren. Vanessa hat ihre Familie belogen und bei dem Familienfest alle blamiert. Jahrelang hat man darauf gewartet, dass sie diese Beleidigung zugibt und sich entschuldigt. Vergebung würde dieses angespannte Warten beenden.

Wir müssen nicht alle Einzelheiten erklären. Eine Familie hat nie verstanden, wie ihr Sohn fünfhundert Dollar stehlen konnte, ohne sie jemals zurückzugeben. Durch Vergebung könnte diese Familie aufhören, nach Erklärungen für die Hintergründe zu suchen.

Wir können die Gegenwart genießen, mit allem, was sie uns zu bieten hat. Jeder harmonische Tag, den wir mit einer bestimmten Tochter verbringen, ist der Ausgleich für fünfzehn Jahre Schmerz und Trotz. Vergebung macht es möglich, uns zu befreien, so dass jeder Tag zu etwas Besonderem wird.

Wir kommen zu einem neuen Erlebnis von Freiheit. Vergebung ist eine der Möglichkeiten, wie wir uns selbst von unserem erwachsenen Kind lösen können, um es in sein eigenes Leben zu entlassen. Wir wollen zu einer Distanz kommen zu den Handlungen unserer Kinder, aber das ist erst möglich, wenn wir Vergebung wollen und sie auch vollziehen. Wenn das nicht geschieht, bleiben wir wie mit Stacheldraht mit ihnen verbunden.

Wir erfahren gefühlsmäßige und geistliche Heilung. Wachstum wird äußerst schwierig, wenn wir nicht bereit sind, unserem Sohn den Blechschaden am Auto vor fünf Jahren zu vergeben. In unserem Denken bleiben wir immer wieder bei diesem ärgerlichen Vorfall hängen und weigern uns loszulassen. Wir weinen wegen der Vergangenheit aber auch, weil wir sie nicht vergessen wollen. Geistliche und emotionale Heilung hängen davon ab, ob wir bereit sind, das Vergangene aufzugeben. Entweder klammern wir uns an unsere Erinnerungen, oder wir wenden uns der Person zu. Beides gleichzeitig ist nicht möglich.

Vergebung ist nicht so leicht, wie es sich anhört. Das müssen wir uns bewusst machen. Fromme Zeitgenossen, die uns den Auftrag erteilen, doch endlich zu vergeben, haben im Allgemeinen noch nicht in den Schuhen von Eltern mit gebrochenem Herzen gesteckt.

Ihre schlauen Bemerkungen, die offensichtliche Tugendhaftigkeit und der so leicht scheinende Idealismus erwecken den Eindruck, dass das mit der Vergebung nicht besonders schwierig sein dürfte.

Nein, wir müssen nicht unbedingt vergeben. Wir sagen uns vielleicht, dass wir den damit verbundenen Schmerz nicht ertragen können. Aber wenn wir nicht in der Lage sind, einen Weg in die Vergebung zu finden, riskieren wir unerträglichen Kummer für den gesamten Rest unseres Lebens.

Am besten lernen wir etwas über Vergebung, wenn wir unser eigenes Leben genau betrachten. Gab es einen Zeitpunkt, als wir selbst die Vergebung durch Jesus Christus für unsere Schuld annehmen konnten? Haben wir die befreiende Macht Gottes erfahren, als wir alles Schwere aus unserer Vergangenheit hinter uns lassen konnten?

Wer dieses Geschenk erhalten hat, kann in sich gehen und sich mit der ernsten und schwierigen Frage der Vergebung auseinander setzen. Gott hat uns dieses Geschenk gemacht – und jetzt haben wir die Gelegenheit, es weiterzugeben.

Es gibt aber Eltern, denen Vergebung unmöglich ist, weil sie sie selbst nie erlebt haben. Diese Eltern haben emotionale und geistliche Schwierigkeiten, die man nicht unterschätzen darf. Diejenigen aber, die Gottes Geschenk angenommen haben, haben einen festen Bezugspunkt, einen tiefen Brunnen, aus dem sie in dieser Situation schöpfen können.

»Ertrage einer den andern und vergebt euch untereinander, wenn jemand Klage hat gegen den andern; wie der Herr euch vergeben hat, so vergebt auch ihr« (Kolosser 3,13).

Als Eltern mit gebrochenem Herzen nehmen wir uns vor, uns nicht gegenseitig zu verurteilen. Wie Eltern mit ihrem trotzigen, ablehnenden Kind umgehen, ist eine äußerst heikle Angelegenheit. Wo wir schon Fehler gemacht haben, werden wir nicht so schnell dabei sein, anderen gute Ratschläge zu geben.

Aber da Jesus uns vergeben hat, ist es nur gut und richtig, dass wir uns überlegen, wie wir unseren Kindern vergeben können.

13. Stärken und Schwächen der Hoffnung

Hoffnung ist eine Tugend, die immer leicht an den Mann – oder die Frau – zu bringen ist. »Kopf hoch, das wird schon wieder.« »Nur nicht unterkriegen lassen.« »Wir wissen nicht, was die Zukunft bringt, aber wir wissen, *wer* sie uns bringt.«

Bei Bedarf fallen uns ein Dutzend dieser gängigen und oft banalen Sprüche ein, und sie gehen uns leicht über die Lippen.

Aber manchmal sind diese Sprüche fehl am Platz. Hoffnung kann vieles heilen und Menschen aufbauen. Aber ähnlich wie mit einer Medizin kann Hoffnung zur falschen Zeit und unter den falschen Bedingungen verschrieben werden. Wenn Hoffnung Bedeutung haben soll, *muss* sie mit Vorsicht verabreicht werden.

Wenn jemand es ablehnt, mit Hoffnung zwangsernährt zu werden, haben wir seine Wünsche zu respektieren.

Ein Geschäftsmann aus Kentucky erinnert sich: »Meine Freunde schütteten Hoffnung über mir aus, wie aus einem Kübel. Sie versuchten, mir Schuldgefühle einzureden, weil ich nicht daran glauben konnte, dass sich alles zum Guten wenden würde, und in Kürze alles blüht.

Jedes Jahr hatte ich vier oder fünf Mal eine Zeit, zu der ich dachte: ›Oh, jetzt ist es soweit. Jetzt ändert sich alles bei meinem Sohn.‹ Und ich glaubte fest daran. Das habe ich fünfzehn Jahre lang getan. Insgesamt sind das sechzig oder siebzig Zeiten, in denen ich mir Hoffnung verordnet hatte. Dann sagte jemand zu mir, was für ein schrecklicher Mensch ich wäre, wenn ich aufhören würde zu hoffen. Ich weiß mehr über Hoffnung als die meisten Menschen, und ich kann Ihnen sagen, dass Hoffnung eine sehr schmerzliche Angelegenheit ist.«

Die Botschaft der Hoffnung sollte niemals oberflächlich weitergegeben werden. Menschen sterben. Sie kommen ins Gefängnis. Sie tauchen niemals wieder auf.

Sie weigern sich, ihre Eltern anzurufen. Sie nehmen sich das Leben. Nach vierzig Jahren Alkohol sterben sie an der Folge ihrer Sucht. Sie verlassen ihre Kinder, ohne dass man jemals wieder von ihnen hört. Die Ermunterung zum Hoffen kann manchmal wie ein Dolchstoß sein. Die Worte: »Mach dir keine Sorgen, sie wird schon zur Vernunft kommen«, können im falschen Moment eher grausam wirken.

Distanzieren wir uns von der Hoffnung

Wollen Sie glauben, dass ihr Sohn seine Alkoholsucht in den Griff bekommt und dann wieder die Nähe der Familie sucht? Wer hoffen will, für den kann die Gabe des Optimismus eine starke Kraft sein. Aber bleiben Sie realistisch. Hoffnung kann sich erfüllen – oder auch nicht. Glauben Sie nicht, dass Ihre Tochter einfach auf Grund der Tatsache, dass Sie es hoffen, umkehren wird.

In der Bibel steht die bewegende Geschichte von einer Frau, die sich ein Kind wünschte, obwohl ihr Mann schon sehr alt war. Der Prophet Elisa gab ihr die Zusage, dass sie innerhalb eines Jahres einen Sohn in ihren Armen halten würde. Das Kind wurde geboren, so wie der Prophet es vorausgesagt hatte. Als das Kind älter wurde, fing es an, mit seinem Vater auf das Feld zu gehen, um bei der Arbeit zu helfen. Eines Tages schrie das Kind: »Mein Kopf, mein Kopf.« Er wurde zu seiner Mutter gebracht, die ihn in die Arme nahm. Um die Mittagszeit starb das Kind, und die Mutter legte es auf das Bett.

Sie lief schnell zu Elisa, der ihr diesen Sohn versprochen hatte. Sie sagte zu ihm: »Wann hab ich einen Sohn erbeten von meinem Herrn? Sagte ich nicht, du sollst mich nicht enttäuschen?« (2. Könige 4,28)

Die Frau hatte den Eindruck, dass man mit ihren Hoffnungen gespielt hatte. Zuerst konnte sie kein Kind haben. Dann sagte jemand, sie würde doch eins bekommen. Dann verlor sie es wieder. Hoffnung erwies sich als eine unglückliche Berg- und Talfahrt.

Das Schwert der Hoffnung sollten wir nicht leichtfertig schwingen. Wenn Hoffnung geweckt wurde, die sich nicht erfüllt hat, ist Verletzung geschehen, die erneutes Hoffen erschwert.

Zuerst ist die Hoffnung ein willkommener neuer Freund. Aber nach Jahren der Enttäuschung wird sie zum Verlierer, der unbeachtet in die Ecke gestellt wird.

»Ich dachte immer, ich würde die Antwort finden«, berichtet ein alternder Vater, »ich quoll über vor Hoffnung. ›Wenn ich ihn nur über diese nächste Hürde hinwegbringe‹, dachte ich immer, ›wenn ich ihn von den Drogen wegholen kann. Wenn er die Schule zu Ende bringt. Wenn er die Wochenenden woanders sein könnte.‹ Es gab immer ein weiteres «Wenn». Aber keins davon hat wirklich geholfen.

Jetzt habe ich keine Hoffnung mehr. Für einige Zeit muss ich damit aufhören.«

Nach vielen vergeblichen Jahren auf der Jagd nach Hoffnung müssen sich manche alte Jäger ausruhen.

Die nächste Wegbiegung, der nächste Versuch, die nächste Probe werden wahrscheinlich auch nicht den erhofften Erfolg bringen. Manchmal müssen Eltern innehalten, tief durchatmen und sich fragen, ob es nicht an der Zeit ist, sich realistischeren Träumen zuzuwenden.

Stellen Sie sich vor, Sie sehen an einem nebligen Abend einen Mann am Hafen stehen, und Sie fangen ein Gespräch mit ihm an. Nach kurzer Zeit fragen Sie ihn, was er um diese Zeit hier draußen tut. »Ich warte darauf, dass die Meerjungfrauen ans Ufer kommen«, antwortet der Mann. »Meerjungfrauen?«, japsen Sie. »Oh ja. Ich komme schon seit Jahren hierher. Bisher habe ich noch keine gesehen, aber ich weiß, dass es sie gibt. Eines Tages werde ich eine entdecken. Ich muss nur weiterhin hoffen. Was bleibt denn noch, wenn man die Hoffnung aufgibt?«

Was würden Sie diesem Mann antworten, wenn Sie ein unverbesserlicher Optimist oder ein Träumer wären? Würden Sie ihn ermutigen? Würden Sie sagen, dass sich seine Träume erfüllen, wenn er nur daran glaubt? Wäre das aufrichtig?

Vielleicht sollten Sie sagen: »Es ist gut, Träume zu haben. Aber währenddessen könnten Sie weiter arbeiten, mit Ihren Kindern spielen, und zu Hause Ihren Zaun reparieren. Es ist nicht besonders schlau, ewig nur hier zu stehen und darauf zu warten, dass die Meerjungfrauen auftauchen.«

Erleben Sie Hoffnung als Überraschung

Nachdem wir jahrelang versucht haben, die Situation oder die Haltung unseres Kindes zu verändern, kommt eine Zeit, in der Hoffnung einen anderen Stellenwert bekommt. Es gibt Hoffnung. Sie erfüllt sich nicht *immer*, aber sie erfüllt sich *manchmal.* Es kommt vielleicht eine Zeit, zu der wir aufhören müssen, Hoffnung um jeden Preis zu erhalten, und zu der wir uns lieber überraschen lassen.

Lassen Sie sich davon überraschen, dass Ihre Tochter nach Hause kommt, Sie umarmt und Ihnen sagt, dass sie Sie liebt.

Lassen Sie sich davon überraschen, dass Ihr Sohn aufhört zu trinken.

Lassen Sie sich davon überraschen, dass Ihr Kind Ihnen endlich mitteilt, wo es lebt.

Die Bibel sagt uns hierzu: »Hoffnung, die sich verzögert, ängstet das Herz; wenn aber kommt, was man begehrt, das ist ein Baum des Lebens« (Sprüche 13,12).

Wenn wir es satt haben zu hoffen, weil wir ständig enttäuscht wurden, ist es Zeit, eine Pause zu machen. Lassen wir es zu, dass die Hoffnung in irgendeiner Ecke auf uns wartet, und uns in einem unerwarteten Moment freudig überrascht.

Hoffnungen dem Leben anpassen

Vielleicht ist jetzt die Zeit gekommen, wo wir unsere früheren Erwartungen neu überdenken sollten. Dennis wird nicht in der Handball-Bundesliga mitspielen und Karens Talent reicht nicht für eine Solo-Gesangskarriere. Vielleicht war uns das früher nicht bewusst, aber jetzt wissen wir es. Dennis ist geschieden, wechselt häufig seine Arbeitsstellen und versorgt seine Kinder nicht zuverlässig. Karen meldet sich selten bei Ihnen, und Sie haben den Verdacht, dass sie und ihr Freund drogenabhängig sind. Es wird Zeit, dass wir unsere Hoffnungen den Gegebenheiten anpassen.

Wir hoffen nicht länger, dass unser Kind ein verantwortungsvolles Leben führen wird. Unser Traum ist, dass sich unser Kind etwas weniger verantwortungslos verhalten wird. Wir hoffen nicht länger, dass sie sich von diesem Mann trennen wird, wir hoffen jetzt, dass sie mit den Drogen aufhören werden. Wenn wir uns in diesem Jahr nicht sehen, hören wir vielleicht wenigstens von ihnen und wissen, dass es ihnen gut geht.

Die Erfahrung lehrt uns, dass es Hoffnung in verschiedenen Größen und Schattierungen gibt. Da wären: riesig (XL), groß (L), mittel (M), klein (S) und mikroskopisch (XS). Es ist nicht so sehr eine Frage, ob wir überhaupt hoffen, sondern welcher Art unsere Hoffnung ist.

Wir haben von einem Camping-Wochenende mit unserem Sohn geträumt. Dann wollten wir nur noch mit ihm angeln gehen. Mit der Zeit hätten wir uns über einen gemeinsamen Spaziergang im Park gefreut. Inzwischen wären wir froh über ein einziges vernünftiges Gespräch mit ihm. Hoffnungen und Träume haben die Neigung, sich der Situation anzupassen, und wir tun gut daran, das auch zu tun.

Eine Familie in der Nähe von Boulder, Colorado, hatte für ihren Sohn, Bradley, die üblichen Erwartungen. Sie hofften, er würde als Grundlage für eine solide Karriere einen höheren Schulabschluss machen, dann heiraten und Kinder haben. Sie freuten sich schon darauf, mit ihren Enkelkindern zu spielen.

Nachdem Brad aber mehrmals mit dem Gesetz in Konflikt kam, immer häufiger trank und mehrere Autos zu Schrott fuhr, hielten es seine Eltern für besser, wenn er einen handwerklichen Beruf erlernen würde. Sie meldeten ihn in der entsprechenden Schule an, und hofften, dass aus ihm ein erfolgreicher Handwerker würde.

Brad wurde aber bald aus der Schule geworfen, fing an, harte Drogen zu nehmen und zog mit einer Frau zusammen.

Jetzt sind die Eltern froh, wenn sie Brad begegnen und er einen klaren Blick hat. Es ermutigt sie zu hören, dass er seine Rechnungen bezahlen kann. Brads Partnerin hat ein Kind, das sie wie ihr eigenes Enkelkind ansehen und entsprechend behandeln, wenn sie zusammenkommen.

Eltern müssen ihre Träume verändern und anpassen, wenn sie die Hoffnung nicht aufgeben wollen. Im Leben gibt es immer wieder den Zwang zum Umdenken, und manche Eltern sehen sich zu schmerzhaften Kompromissen gezwungen.

Neugeburten

Es gibt unzählige Geschichten von Eltern, die jahrelang mit ihren Kindern im Streit lagen und die dennoch Frieden gefunden haben. Das sind gute Geschichten. Jede von ihnen sollte für Eltern mit gebrochenem Herzen als Ermutigung dienen. Überall verändern sich erwachsene Kinder und erneuern die Beziehung zu ihren Eltern.

Peter lebt in unserer Gegend. Im Alter von zwanzig Jahren hat er eine Kindheit und Jugendzeit voller Rebellion damit gekrönt, dass er wegen Autodiebstahls acht Monate im Gefängnis saß. Inzwischen hat er eine sichere Stellung, ist verheiratet und hat eine kleine Tochter. Die Familie ist umgeben und geschützt von zwei stolzen und völlig vernarrten Großeltern. Es gab Zeiten, als niemand, der diesen jungen Mann kannte, dieses friedliche Szenario für möglich gehalten hätte – am allerwenigsten die Polizei.

Wir hören diese Geschichten. Viele Eltern mit gebrochenem Herzen erleben diese Neugeburten. Wie die ersten Geburten ist der Prozess oft schmerzlich, und er zieht sich in die Länge. Aber wenn er zu Ende gebracht ist, nehmen ihn beide Eltern mit Freude und Dankbarkeit an.

Oft geschieht eine dramatische Umkehr erst Jahre nachdem die Eltern wirklich losgelassen haben. Sie haben ihr Kind angesichts einer sehr ungewissen Zukunft innerlich abgegeben. Diejenigen, die eine neue Geburt erleben konnten, haben ganz neu Grund, Gott dafür zu danken.

Letztlich setzen wir alle unsere Hoffnung auf Gott, nicht auf Menschen. Gottes Wesen ändert sich niemals. Wenn wir uns heute Abend schlafen legen, haben wir die Gewissheit, dass Gott auf unserer Seite ist, wenn wir morgen erwachen.

14. Schäden in der Ehe

Im Mai machte Chris seinen Oberschulabschluss und im August fing er mit dem Studium an. Im darauf folgenden Januar reichten seine Eltern die Scheidung ein. Wer hätte je gedacht, dass Cliff und Terri ihre sechsundzwanzigjährige Ehe beenden würden? Wie kommen Leute dazu, so etwas zu tun?

Diese Situation ist gar nicht ungewöhnlich. Cliff und Terri haben sich mutig und entschlossen durch die Teenagerjahre gekämpft. Ihr Sohn hatte ihnen so ziemlich alles geboten, außer die Stadt abzubrennen, und sie brauchten alle ihre Energie, um den Burschen in Schach zu halten und immer wieder zu retten. Jetzt hat Chris seine Sinne wieder mehr oder weniger beisammen, aber der Krieg hört trotzdem nicht auf. Er verlagert sich in das Leben seiner Eltern. Müde, angeschlagen, verwirrt und verletzt wie sie sind, haben Terri und Cliff nicht genug Reserven, um ihre eigene Beziehung am Leben zu erhalten.

Am anderen Ende der Stadt leben Brenda und Todd. Ihre Tochter Marie sitzt wegen Diebstahls für ein Jahr im Gefängnis. Einmal wöchentlich besuchen sie Marie. Ansonsten verbringen sie viel Zeit mit ihren beiden Söhnen. Im nächsten Monat wird die Großmutter kommen und bei den Söhnen bleiben, während Brenda und Todd ein Wochenende in Minneapolis verbringen werden. Sie werden ins Kino gehen, einen kleinen Einkaufsbummel machen und sich über die ungestörte, gemeinsame Zeit freuen.

Was ist der Unterschied zwischen diesen beiden Paaren? Warum läuft die eine Beziehung harmonisch und glatt, während die andere auseinanderbricht?

Die Antwort liegt nicht bei den Kindern. Chris und Marie sind sich sehr ähnlich: Chris ist noch längst nicht über dem Berg und Marie hat noch einiges vor sich, wenn sie wieder Boden unter die Füße bekommen will. Wenn wir den Unterschied erkennen wollen, müssen wir uns die Paare genauer anschauen, nicht ihre Kinder.

Eltern mit gebrochenem Herzen können und werden einen der beiden Wege gehen. Meistens werden Ehen unter dieser Art von Belastung entweder stärker oder schwächer. Auf jeden Fall bleiben sie nicht so, wie sie vorher waren. Es gibt einfach zu viel Streit, zu viel Tumulte, zu viele Nächte mit wenig Schlaf, als dass eine Beziehung davon unberührt bleiben könnte.

Die Beziehung verstehen

Es gibt verschiedene Faktoren, die entscheiden, in welche Richtung sich eine Beziehung neigen wird. Zu viele Paare versäumen es, über diese Faktoren zu sprechen. Meistens nehmen sie die Gefühle einfach hin und finden sich mit den entstehenden Schäden ab. Wenn Eltern ihre Empfindungen wahrnehmen und verstehen lernen, ist die Gefahr für ihre Ehe geringer.

Schuldgefühle

Wenn ein Elternteil oder beide glauben, dass sie das extreme Verhalten ihres Kindes mitverursacht haben, werden sie enorm darunter leiden. Der Gedanke, dass wir selbst unseren Nachwuchs »ruiniert« haben, macht uns Eltern traurig und verzagt. Diese Einstellung macht es schwierig, mit einem Partner zu leben.

Wenn Paare überleben wollen, müssen sie, so gut es geht, ihre Schuldgefühle bearbeiten, egal ob sie begründet sind oder nicht. Therapeutische Beratung oder Seelsorge können eine Hilfe sein, um hier festen Grund zu bekommen.

Der Stress der Schuldzuweisungen

- »Du warst zuviel unterwegs.«
- »Du warst viel zu schweigsam.«

- »Du hast ihr nie Grenzen gesetzt.«
- »Du hast immer gesagt, dass sich das von selbst geben wird.«

Nur wenige Paare überstehen diese schwierigen Jahre ohne gelegentliche verbale Attacken gegeneinander. Weil sie der Meinung sind, dass irgendjemand schuld an der Situation sein muss, neigen sie dazu, sich manchmal gegenseitig zu beschuldigen. Auch wenn sie die Anschuldigungen nicht laut aussprechen, sagen sie es zu sich selbst, und machen damit den Partner verantwortlich.

Die schlimmste Schuld ist die »Phantom-Schuld«. Der Partner ist sicher, dass der/die andere das Unheil verursacht hat, aber er ist nicht ganz sicher, wodurch. Phantome sind äußerst schwer zu entdecken und unschädlich zu machen. Die Paare müssen über Schuldzuweisungen sprechen, und sie möglichst aus der Welt schaffen. Jeder von uns hat sich schuldig gemacht, aber niemand trägt die gesamte Schuld allein. Ehen erleiden Schaden, wenn sich die Partner gegenseitig etwas vorwerfen.

Unterschiedliche Erziehungsstile

Mary war immer für etwas mehr Strenge: spätestens 23 Uhr am Abend zu Hause sein, häufige Kontrolle bei den Hausaufgaben, nicht so viele Freiheiten, »Alkoholtests«, das Auto stand nicht beliebig zur Verfügung. Ihr Mann Bill war da etwas gelassener. Er hielt etwas mehr Freiheit auch in jungen Jahren für sinnvoller. Sein Ziel war es, die Teenager eigene Entscheidungen treffen zu lassen, mit deren Konsequenzen sie dann leben müssen.

Oft haben Eltern recht gegensätzliche Ansichten über Erziehung – und ärgern sich übereinander. Ihre unterschiedlichen Meinungen gründen sich auf ihre eigenen Erfahrungen, ihren Beruf und persönliche Vorlieben. Jeder Elternteil hat genügend Beispiele für Kinder, die in einem bestimmten Stil erzogen wurden und gut geraten sind.

- »Kevin musste nie zu einer bestimmten Zeit zu Hause sein, und schau ihn dir heute an.«
- »Lisa wurde zu Haus ziemlich kurz gehalten, da siehst du, was aus ihr geworden ist.«

- »Ted hat seine Eltern kaum gesehen, aber er hat bei der Bank Karriere gemacht.«

Jeder hat seine Argumente. Versteckte oder offene Konflikte sind voraussehbar, wenn es den Partnern nicht gelingt, jeweils etwas Ausgleichendes an dem Erziehungsstil des anderen zu entdecken. Am besten ist es, wenn jedem auch einige Stärken in der Methode des anderen bewusst sind.

»Wer steht am besten da?«

Der Berater sah das Ehepaar ernst an und sagte: »Ich möchte ganz offen mit Ihnen beiden sein. Mike, wenn Sie mehr Zeit mit Ihrem Sohn verbracht hätten, wäre es wahrscheinlich nicht so weit gekommen. Ich weiß, es ist jetzt zu spät, um das einzusehen, aber mit dieser Tatsache müssen Sie leben.«

Karens Herz machte bei jedem Wort einen Sprung. »An mir liegt es also nicht. Was für eine Erleichterung«, dachte sie. »Sogar der Berater ist der Meinung, dass Mike alles verdorben hat.«

Karen glaubt, dass sie den Preis gewonnen hat, der vergeben wird für: »Wer steht am besten da?« Sogar ein Fachmann hat mit dem Finger auf ihren schwachen Ehemann gezeigt und ihm die Schuld gegeben.

Viele von uns suchen eifrig nach dieser Art von Bestätigung. Wir möchten von jemandem entlastet werden, der dann den Partner beschuldigt.

Unglücklicherweise ist diese Art der »Befreiung« keine Hilfe für die Ehe. Es richtet auf jeden Fall Schaden an, wenn sich jemand auf Kosten des Partners Erleichterung verschaffen will.

Sprechen Sie über Ihre Entscheidungen

Man kann im Lauf der Zeit eine Menge Fehler machen. Es gibt schon unter normalen Umständen genug Stoff für Reibereien, um eine

Beziehung auf die Probe zu stellen. In Drucksituationen und Stress ist es noch wahrscheinlicher, dass Konflikte entstehen. Es werden Dinge gesagt, die man besser vermieden hätte, und es werden unkluge Entscheidungen getroffen.

Wir haben alle das eine oder andere zu bereuen. Wenn wir als Eltern noch mal von vorn beginnen könnten, würden wir manches anders machen.

Eltern, die gezwungen sind, in der Hitze des Gefechts Entscheidungen zu treffen, müssen bereit sein, darüber zu sprechen. Es kann ihnen helfen, schon in der Situation damit anzufangen – gleich während die Dinge ihren Lauf nehmen. Wenn das nicht möglich ist, sollte kurz danach miteinander geredet werden. Lassen Sie nicht zu viel Zeit vergehen. Eltern die es versäumen, strittige Entscheidungen zu besprechen, laufen Gefahr, sich in gegenseitige Ablehnung hineinzusteigern.

Natürlich sollte nicht jeder halb- bis unwichtige Anlass zu einer Krise führen. Oft ist es hilfreich, die Wirkung einer Entscheidung erst mal abzuwarten. Wenn jede kleine Aktion sofort wieder in Frage gestellt wird, wird bald garnichts mehr möglich sein.

Vernachlässigen Sie die Romantik nicht

Bob und Laura lächelten selten. Sie benötigten ihre gesamte Energie, um ihre Tochter in Schach zu halten oder sich um die ganze Situation zu sorgen.

Da blieb nicht viel Zeit und Interesse, um sich in die Augen zu schauen.

Diese Geschichte ist recht typisch. Eltern sind über das Verhalten ihrer Kinder entsetzt und verwirrt.

Sie brauchen ihre ganze Kraft, um ein riesiges Puzzle zu lösen, das in seinen Ausmaßen immer unerforschlicher zu werden scheint.

Kluge Paare besinnen sich eines Tages und bewerten ihre Beziehung neu, mit dem Ergebnis, dass sie sich ihre Liebe füreinander erhalten wollen. Sie machen sich auch Gedanken über ihre anderen Kinder, und bemühen sich darum, für deren Leben möglichst die

Normalität zu erhalten. Wenn es gelingt, mitten in der »heißen Phase« derartige Entschlüsse zu fassen, kann man eine Menge für die Erhaltung seiner Ehe tun.

Automechaniker sagen uns, dass die Ölwechsel für die ersten hunderttausend Kilometer nicht so bedeutsam sind. Das Öl wird gewechselt, um den Motor für die zweiten hunderttausend fit zu halten. Ebenso können Eltern es sich nicht leisten, zu sagen: »Für die nächsten sechs Jahre verzichten wir auf unser Eigenleben und widmen uns ganz unserem Sprössling. Wenn er dann aus dem Haus ist, wird sich die Romantik schon wieder einstellen.« Wenn die gegenwärtigen Bedürfnisse nicht beachtet werden, ruinieren wir unter Umständen die Hoffnungen für die nächsten dreißig Jahre.

Das klingt sehr anstrengend, und das ist es auch. Wie können wir allen gerecht werden? Vielleicht können wir es nicht. Aber wir können es uns auch nicht leisten, das Familienleben brachliegen zu lassen, um uns nur einer einzigen Person oder nur einem Problem zuzuwenden. Meistens überleben Beziehungen derartige Überbewertungen nicht.

Freundlich und verständnisvoll sein

Mutter ist zu geduldig; Vater ist zu grob. Mutter hat etwas Schreckliches gesagt; Vater hat zu viel versprochen. Mutter möchte ihm noch etwas Zeit geben; Vater möchte ihn hinauswerfen. Mutter möchte professionelle Hilfe in Anspruch nehmen; Vater möchte ihn ins Internat stecken.

Das sind typische Gegenüberstellungen. Alle Eltern können sich erinnern, dass der Partner etwas sagte oder tat, mit dem der andere absolut nicht übereinstimmen konnte. Dennoch versuchen Paare, die sich lieben, dabei freundlich und verständnisvoll zu bleiben. Sie gehen trotzdem noch zusammen essen. Sie gehen in die Gemeinde, wo sie Leute treffen, die sie lieben. Sie pflegen gemeinsame Hobbys. Sie wissen, dass es ausgeschlossen ist, ihre Liebe zueinander für die nächsten fünf bis zehn Jahre auf Eis zu legen.

Eltern, die unter Spannung leben, können 1. Korinther 13 lesen und sich daran erinnern:

- Liebe ist geduldig.
- Liebe ist freundlich.
- Liebe lässt sich nicht schnell erbittern.
- Liebe trägt die Fehler nicht nach.
- Liebe beschützt immer.
- Liebe vertraut immer.
- Liebe hofft immer.
- Liebe hat einen langen Atem.

Das sind die Werte, die Eltern mit gebrochenem Herzen sehr ansprechen. Daraus spricht die Bestärkung, dass die Liebe einigem Druck standhält, und dass sie trotz mancher Leiden zur Entfaltung kommen kann.

Das Schiff ausbalancieren

Stellen Sie sich vor, Sie sind auf einem Schiff auf unruhiger See. Das ständige Schaukeln führt dazu, dass sich die Ladung auf eine Seite des Schiffes verschiebt. Die ganze Besatzung springt an diese Stelle, um die Ladung festzuhalten. Da jetzt alles und alle auf der gleichen Seite des Schiffes versammelt sind, bekommt es eine bedrohliche Schlagseite. Wenn sich alle weiterhin an die Ladung klammern, droht das Schiff zu kentern. Wenn es der Mannschaft nicht gelingt, das Gleichgewicht wieder herzustellen, landen alle im Ozean. Sie müssen schnell in die Mitte des Schiffes zurück und alles dorthin tragen, was sie ergreifen können.

Ebenso ergeht es einer Familie, in der alle dem einen zur Hilfe eilen wollen, der sich verrannt hat. Wenn alle zu lange in dieser Haltung *verharren,* kann der Schaden beträchtlich sein.

15. Geschwisterprobleme

»Ich denke, ich habe mir die Situation angesehen und meine eigenen Schlüsse gezogen«, erinnerte sich ein junger Mann aus Georgia. »Mein älterer Bruder hat unseren Ort auf den Kopf gestellt und meinen Eltern das Leben schwer gemacht. Ich habe entschieden, dass es mir mehr bringen würde, meine armen Eltern zu unterstützen.

Nach kurzer Zeit fiel es mir leichter, meinen Bruder zu verpetzen. Meine Eltern waren sehr entgegenkommend, denn ich verhielt mich anständig und spionierte Evan aus. Manchmal erwischte mich mein Bruder, aber auf lange Sicht hatte ich mehr davon, mich auf die Seite meiner Eltern zu schlagen – oder es zumindest so aussehen zu lassen.

Eigentlich war ich gar nicht so ärgerlich auf meinen Bruder, er hat mich nicht direkt schlecht behandelt. Ich wollte nur herausfinden, was für mich das Beste wäre, um zu überleben.«

Geschwister sind vom Verhalten des Bruders oder der Schwester immer mit betroffen. Das ist ziemlich offensichtlich. Wir können aber nicht immer mit Sicherheit sagen, wie sich diese Betroffenheit auswirken wird. Wir müssen in jedem einzelnen Fall immer genau hinhören.

»Ich habe es gehasst«, erzählte eine junge Frau, »es schien mir, als wenn jeder neue Lehrer, der in die Klasse kam, zur Begrüßung sagen würde: ›Na, hoffentlich bist du nicht so wie deine Schwester.‹ Nachdem das einige Jahre so ging, habe ich aufgegeben und wurde genau wie meine Schwester.«

Es ist wahrscheinlich eine Tatsache, dass unsere Geschwister genauso viel oder sogar noch mehr Einfluss auf unser Leben haben wie unsere Eltern. Sie begleiten uns eine lange Zeit bei unseren

Lebensentscheidungen und der Entwicklung unserer Werte. Sie können nicht festlegen, wie wir uns entscheiden werden, aber sie haben entscheidenden Anteil an unserem Lebensweg.

Der Störenfried wird abgelehnt

Oft lehnt ein Geschwisterkind das zerstörerische Verhalten vor allem deshalb ab, weil es eine Menge Schmerz mit sich bringt. Der rebellische Jugendliche verletzt sich selbst, seine Eltern und auch seine Geschwister. Die Geschwister sind darüber sehr besorgt und wünschen, sie könnten all das verhindern. In Wirklichkeit sind sie meistens nicht in der Lage, die Verletzungen zu verhindern. Deshalb sind sie frustriert und wütend.

Emily berichtet: »Am meisten hat mich genervt, dass meine Eltern so verletzt und wie belastet sie dadurch waren. Ich konnte es mir nicht leisten, in der Schule Schwierigkeiten zu machen oder eine Beule ins Auto zu fahren, denn meine Eltern konnten unmöglich noch mehr Schmerz aushalten. Mein Bruder hat einen Flächenbrand ausgelöst, und ich musste das liebe kleine Mädchen bleiben. Sein Verhalten war so extrem, dass ich unmöglich auch noch aus der Reihe tanzen konnte. Ich hatte auch kein Bedürfnis, mit meinem Bruder zu wetteifern, selbst wenn ich es gekonnt hätte«, fuhr Emily fort. »Für mich war die einzige Möglichkeit, so außergewöhnlich gut zu sein, wie er außergewöhnlich furchtbar war.

Ich war gut im Sport, hatte alle möglichen Ehrenämter und war Mitglied im Chor. Für mich war das die Antwort auf die Frage: ›Du wirst doch nicht etwa so werden wie dein Bruder, oder?‹ Mein Leben würde allen zeigen, dass ich nicht so war wie er. Irgendwie bin ich dadurch sogar zu einem besseren Menschen geworden. Ich glaube, ich habe mich mehr angestrengt, denn er hat es gar nicht erst versucht. Vielleicht bin ich ihm deshalb sogar etwas schuldig, aber viel kann es nicht sein.«

Wenn das Verhalten dieser beiden Geschwister im Rahmen geblieben wäre, hätte das Leben für sie einfacher verlaufen können. Die Geschwister erlebten ihre Eltern zornig oder in Tränen. Feiertage waren immer wieder von Spannungen erfüllt und damit unvorhersehbar. Manchmal gab es strengere Regeln, nur weil einer sich nicht einfügen wollte. Oft fühlen sich Geschwister in der Schule, in der Gemeinde oder in der Nachbarschaft bloßgestellt. Es gab auch finanzielle Einschränkungen aufgrund von Autoreparaturen, Bußgeldern oder anderen unvorhergesehenen Ausgaben. Über diesen Familien hängt eine Wolke der Unsicherheit, weil eines der Kinder ständig Probleme verursacht.

Das Letzte, was ein Teenager gebrauchen kann, ist ein Familienmitglied, das sich auffallend verhält. Er will keine Eltern, die sich seltsam anziehen. Er will nicht der Einzige in der Straße sein, der Gartenzwerge im Vorgarten stehen hat. Mit Sicherheit braucht er keine Geschwister, die sich unmöglich benehmen.

Junge Leute sind davon überzeugt, dass der Pickel auf ihrer Nase die Größe eines Vulkans hat. Sie glauben, dass jeder – wirklich jeder – seine volle Aufmerksamkeit ständig auf ihn konzentriert. Das Letzte, was sie wollen, sind Brüder oder Schwestern, die in aller Munde sind.

Für Erwachsene ist es leicht zu sagen: »Mach dir keine Sorgen, jeder weiß, dass du nicht genauso bist.« Das ist nur ein kleiner Teil der Angelegenheit. Die Teenagerjahre enthalten Zeiten der Angleichung an Altersgenossen. Der rebellierende Bruder macht es so gut wie unmöglich, in der Menge unterzutauchen.

Vermittlungsversuche

Geschwisterliebe und Idealismus bringen einige Geschwister dazu, den Rebellen retten zu wollen. Einige sind dabei erfolgreich, aber die große Mehrheit wird durch diese Versuche noch mehr verletzt.

»Ich habe es versucht«, erzählte uns Ted, »ich habe meinem Bruder Vorträge gehalten. Ich habe versucht, ihn morgens aus dem Bett zu zerren. Ich habe den Alkohol ausgeschüttet, den ich in seiner Kommode gefunden habe. Nichts hat geholfen. Am Ende wurde ich nur noch wütender auf ihn. Ehrlich gesagt, bin ich jetzt noch sehr verbittert über das, was er getan hat.«

Oft zögern Geschwister, sich eindeutig zu verhalten. Sie wollen drei Dinge auf keinen Fall zugeben: 1) dass ihnen Bruder/Schwester etwas bedeuten; 2) dass sie selbst verletzt sind; 3) dass sie es nicht aushalten können, ihre Eltern leiden zu sehen. Wenn sie dann tatsächlich etwas unternehmen, um einzugreifen, ist einer dieser drei Bereiche ihr Hauptmotiv. Weil ihnen diese Gedanken unangenehm sind, lehnen sie die Tatsache ab, dass sie trotzdem darauf reagiert haben. Das führt zu noch größerer Ablehnung des rebellischen Bruders oder der rebellischen Schwester.

Am Ende führt der erfolglose Versuch, etwas zu verbessern, zu starken Gefühlen des Versagens und der Schuld. Sie werden zwar, wie andere Familienmitglieder auch, behaupten, dass es nicht ihre Schuld war, aber sie fragen sich dennoch, was sie hätten tun können, um es zu verhindern.

Möglicherweise quält sich jemand jahrzehntelang mit diesen zwei Gedanken herum: Er weiß einerseits, dass er die Situation nicht beeinflussen konnte, andererseits fühlt er sich dafür verantwortlich, dass er sie nicht verändert hat.

Den Geschwistern muss an einem bestimmten Punkt die Wahrheit gesagt werden – je eher, desto besser. Jemand, dem sie vertrauen, muss ihnen direkt in die Augen schauen und ihnen sagen, dass sie keine Schuld trifft. Sie vermuten zwar, dass das der Fall ist, aber sie müssen dennoch eine Stimme hören, die das laut ausspricht.

Die Eltern werden beschuldigt

Kinder wollen ihre Eltern als große, starke, weise Personen ansehen. Auch Teenager haben noch diese Einstellung. Sie wollen glauben, dass Eltern in der Lage sind, die größeren Lebensprobleme zu lösen, besonders wenn es sich um interne Familienprobleme handelt. Es ist üblich, die Eltern zu beschuldigen, wenn das nicht gelingt.

»Meine Schwester hat die Schule geschmissen, als sie 16 war. Sie war ein eigensinniger Dickkopf. Ich erkenne jetzt, dass das nicht gut gehen konnte. Aber tief in mir mache ich immer noch meine Eltern dafür verantwortlich, dass sie ihr das durchgehen ließen. Ich weiß, dass sie versucht haben, sie in der Schule zu halten, und dass sie es nicht geschafft haben. Aber sie erscheinen mir immer noch als schwach und wie Versager, weil sie sich nicht durchgesetzt haben.«

Vielleicht ist das eine der schwachen Stellen in unserer Rüstung als Eltern, die wir niemandem zeigen wollen. Aber jeder von uns bemerkt sie von Zeit zu Zeit. Wir denken, wenn unsere Eltern perfekt gewesen wären, hätten sie uns hie und da gestoppt. Wir wissen, dass unsere Eltern nicht perfekt sind, aber irgendwie wollen wir das dennoch nicht wahrhaben.

In den späten Zwanzigern und frühen Dreißigern lernen wir die Wahrheit zu akzeptieren. Unsere Eltern haben vielleicht alles versucht, um die Situation zu verändern. Die Tatsache, dass sie es nicht geschafft haben, hat wahrscheinlich wenig mit ihren Anstrengungen oder ihren Fähigkeiten zu tun. Auch die besten Absichten reichen selten aus, um einen führerlosen Zug zu stoppen. Man muss einfach warten, bis der Treibstoff alle ist.

Die meisten Familien werden nie den einen Grund festlegen können, warum ein Teenager aus dem Ruder gelaufen ist. Viele Jugendliche trinken Alkohol, haben Schwierigkeiten in der Schule, haben Väter, die viel arbeiten, und bleiben dennoch im Rahmen eines verantwortlichen Verhaltens. Man macht es sich zu einfach, wenn man sagt, der Junge sei nur auf die schiefe Bahn geraten, weil er zu viel Zeit mit Ed verbracht hat. Viele junge Leute in ähnlichen Lebensumständen bleiben dennoch innerhalb der Grenzen eines akzeptablen Verhaltens.

Eine Familie wird sich immer unwohl fühlen, solange der Grund oder die Gründe für extremes Verhalten im Dunkeln bleiben. Von Zeit zu Zeit werden sie sich gegenseitig immer mit misstrauischen Augen betrachten.

Hat die Schwester ihn verwöhnt? Hat der Bruder ihn zu oft geärgert? War Vater zu streng? War Mutter zu nachsichtig? War die Schule zu lasch? War die Polizei zu grob? Oder hat der Teenager einfach eine Reihe falscher Entscheidungen getroffen? Gelegentliche Beschuldigungen machen die Runde innerhalb der Familie. Und diese unangenehmen Gefühle verschwinden vielleicht niemals vollständig.

Für Geschwister ist es das Beste, wenn sie das Gestern als unveränderbar akzeptieren lernen. Wir sind nicht in der Lage, das Gestern auszugraben und zu reparieren. Wichtiger ist es zu fragen, was jetzt geschehen soll. Wie verhalten wir uns jetzt und wie sieht die gegenwärtige Beziehung aus?

Nach vorn schauen

Der Apostel Paulus setzt einen hohen Maßstab, wenn er sagt: »Eins aber sage ich: Ich vergessse, was dahinten ist, und strecke mich aus nach dem, was da vorne ist« (Philipper 3,13).

Das bedeutet nicht, dass man in Familien nicht über Probleme spricht. Geschwister sollen ihre Gefühle ausdrücken. Einige Fragen können besprochen und gelöst werden. In Diskussionen wird manches klarer, ohne dass man immer unbedingt eine Antwort findet.

Familienmitglieder sind dann wenigstens in der Lage zu erklären, warum sie etwas getan oder nicht getan haben. Auch wenn ein Bruder oder eine Schwester dabei entgegengesetzter Meinung ist, hatten sie auf jeden Fall Gelegenheit, dazu Stellung zu nehmen. Das Geheimnis wird vielleicht niemals gelöst, aber einige Wolken können sich dabei lichten. Vielleicht wird ein Bruder dabei den Vater anschreien: »Warum hast du ihm immer wieder den Schlüssel gegeben?« Die pure Tatsache, dass etwas ausgedrückt wird, was vorher verschlossen und unterdrückt wurde, kann eine große positive Veränderung bewirken.

Geschwister leiden oft unter dem Kain-und-Abel-Syndrom. Kain rebellierte, wurde zornig und rastete aus. In seiner ablehnenden Haltung Gott gegenüber ließ er seinen Bruder Abel die Sache ausbaden, der dafür mit seinem Leben bezahlen musste. Das ist in höchstem Maße ungerecht. In der Familie leiden alle, wenn einer von ihnen zu weit geht.

Jedes der Geschwister sollte die Gelegenheit haben, seinen Ärger über die Ungerechtigkeit der Situation auszusprechen. Das wird das Geschehen nicht rückgängig machen, aber die Person kann ihre Wut herausschreien und gehört werden.

16. Wo war Gott?

Wer einen Verlust zu erleiden hat, stellt sich irgendwann im Lauf des Trauerprozesses die Frage: »Wo war Gott?« Wenn wir unsere Arbeitsstelle verlieren, zusehen müssen, wie ein Kind stirbt, wenn wir geschieden werden, oder wenn auf andere Weise unser Herz gebrochen wird, bricht die Frage auf: »Warum hat Gott es zugelassen, dass diese schrecklichen Dinge geschehen?«

Manche Menschen geben fast ihren Glauben auf, weil sie dieses Rätsel nicht lösen können. Andere sind sprachlos.

Glücklicherweise machen sich aber viele ernsthaft Gedanken über alles, und ihr Glaube wird in dieser Krise gefestigt. Es ist möglich, dass manche der Leser und Leserinnen nicht wissen, in welcher Kategorie sie enden werden. Die Frage erfordert sorgfältige Überlegung.

Natürlich wenden wir uns als Erstes nach innen, um festzustellen, ob wir so verdorben sind, dass wir dieses Geschehen verdienen. Hat Gott seinen Zorn über unserer Familie ausgegossen, weil wir nicht oft genug zum Gottesdienst gingen, weil wir den zehnten Teil unseres Einkommens nicht gegeben haben, oder weil wir bestimmte geistliche Vorschriften nicht beachtet haben?

Die Antwort fällt kurz aus. Gott handelt fast niemals so. Gott befasst sich mit Gnade, Liebe, Vergebung und Erlösung. Wenn unser himmlischer Vater hinter uns her wäre, um uns zu schaden, würde er uns anhaltenden, unerträglichen Schmerz schicken. Er ist aber eher großzügig als bösartig.

Wenn Gott auf Rache aus wäre, würde er Betrügern, Lügnern und anderen Übeltätern ständig Verluste bescheren. Tatsache ist aber, dass es vielen schlechten Menschen ziemlich gut geht und dass viele gute Menschen sehr leiden.

Stellen Sie sich Gott als einen brutalen Diktator vor, der darauf aus ist, seine Kinder zu verurteilen und ihnen Schmerzen zuzufügen?

Wenn das so ist, sollten Sie sich ganz neu den liebevollen Vater in Erinnerung rufen, der seinen Sohn für uns sterben ließ. Die Güte Gottes ist seine bedeutendste Eigenschaft. Er liebt jeden Menschen sowohl in Zeiten der Trauer wie in Zeiten der Freude.

Für Veränderung beten

Eltern mit gebrochenem Herzen lernen zu beten. Es ist eine dieser erstaunlichen Veränderungen, die sich unter diesen Umständen entwickeln. Selbst wenn wir jahrelang nicht gebetet haben, erwacht das dringende Bedürfnis dazu in der ersten Nacht, wenn der Teenager nicht nach Hause kommt. Und wenn wir dann beten, erwecken wir jede Faser des Glaubens und der Hoffnung, die wir nur aufbieten können, zu neuem Leben.

Manchmal bekommen sich junge Leute wieder in den Griff und kehren um, aber oft ist das nicht der Fall. Einige bleiben jahrelang in Opposition, andere ziehen sich für immer zurück.

Schließlich fragen wir Gott oder auch uns selbst, warum er nicht eingegriffen hat, um etwas zu verändern. Wir haben als Eltern das getan, was wir geistlich als richtig erkannt haben. Wir haben gebetet. Wir fühlten uns geistlicher. Wir gingen etwas häufiger zum Gottesdienst. Vielleicht haben wir sogar mehr für die Mission gespendet. Das Resultat dieser geistlichen Übungen war gleich null. Nichts. Unser Teenager geriet tiefer und tiefer in die Krise.

Das Problem ist, dass wir Gott darum gebeten haben, eine andere Person zu verändern. Gott ist groß darin, Menschen zu ändern, die ihn darum bitten. Aber Gott ist scheinbar auch bereit, jeden Menschen seine eigenen moralischen oder unmoralischen Entscheidungen treffen zu lassen. Fast nie stellt sich Gott über den Menschen, und nimmt ihm die Macht der eigenen Entscheidung.

Wenn wir darum beten, dass Gott jemand anderen verändern soll, dann beten wir fast immer mit dem falschen Ziel. Wenn das funktionieren würde, könnten wir jeden Tag für die Gauner und Mörder dieser Welt beten und stündlich zuschauen, wie sich einer nach dem anderen zum Guten verändert.

Normalerweise sind wir nicht in der Lage, durch Gebet das Verhalten unseres Kindes zu verändern. Gebet hat die Macht, Berge zu versetzen, aber es besteht wenig Aussicht, damit andere zu verändern.

Das Schlimme ist, dass viele Eltern für einige Zeit ihren Glauben schwinden sehen, weil sie meinen, Gott würde offensichtlich schweigen. Das ist ein schlimmer Rückschlag für unser geistliches Leben, aber unser Glaube wird vermutlich zurückkehren. Er wurde erschüttert, weil wir fälschlicherweise glaubten und hofften, wir könnten andere durch Gebet verändern. Da sind wir falsch informiert.

Ich werde nie mehr dafür beten, dass Gott jemand verändert.

Es ist realistischer, wenn wir Gott darum bitten, dass er *uns* verändert. Wenn wir das beten, legen wir vor Gott alles offen und bitten ihn um neue Wegweisung. Wir bitten ihn um Hilfe um geduldiger, verständnisvoller, liebevoller, fester, beständiger, vergebungsbereiter zu werden.

Gott ist mehr als bereit, diese Anliegen zu beantworten.

Sicher antwortet Gott auf Gebete. Das Gebet verändert Dinge. Aber am stärksten verändert sich die betende Person. Wenn wir das verstehen, wird unser Glaube an Jesus, unsere Nähe zum Heiligen Geist und unser Vertrauen ins Gebet nicht beschädigt werden.

Eltern mit gebrochenem Herzen werden sich verändern. Sie können diese traumatischen Erfahrungen nicht machen und trotzdem die Gleichen bleiben. Die entscheidende Frage ist, *wie* sie sich verändern. Gott kann eine große Hilfe dabei sein, wenn wir uns für einen bestimmten Weg entscheiden müssen.

Wenn wir uns an Gott halten, können wir Bitterkeit, Verzweiflung und Hoffnungslosigkeit vermeiden. Er kann uns helfen, an das rettende Ufer von Annahme, Liebe und Frieden zu kommen. Es ist jede Anstrengung wert, diese Einstellungen zu suchen und zu erreichen. Sie sind ein Teil der Frucht des Heiligen Geistes und sie sind auch unter den schmerzlichsten Lebensumständen verfügbar.

Die Gemeinschaft der Leidenden

Der Herr hat viele ablehnende und trotzige Kinder. Er ruft sie, wie eine Henne ihre Küken ruft, aber sie kommen nicht zu ihm. Gott hat also auch Erfahrung mit einem gebrochenen Herzen.

Eltern mit einem ähnlichen Verlust verstehen, was unser himmlischer Vater durchlitten hat. An dieser Stelle können wir uns den traurigen Winkel im Herzen Gottes vorstellen, und wir können sicher sein, dass er mit uns mitfühlt.

Wir haben die Möglichkeit, Gott sehr nahe zu kommen, denn wir sind durch den Schmerz um eine Erfahrung reicher geworden. Sie wird die Gemeinschaft der Leidenden genannt. Niemand versteht Eltern, die ein Kind durch den Tod verloren haben so gut, wie Eltern, die auch ein Kind durch den Tod verloren haben.

Gott hat viele verlorene Söhne und verlorene Töchter. Der Verlust jedes Einzelnen schmerzt ihn unsagbar, auch wenn es nur ein vorübergehender Verlust ist. Natürlich versteht uns Gott, aber durch unsere Trauer verstehen wir auch ihn besser.

Gegenseitige Ermutigung

Eltern mit gebrochenem Herzen haben oft einen Blick für das wirklich Wichtige im Leben. Sie wissen, dass die wirklichen Werte nicht materieller Art sind. Materialismus versagt bei Verlusten innerhalb der Familie. In solchen Zeiten besinnen sich viele von uns wieder eher auf die geistlichen Werte, die wir jetzt als die wirklich bedeutungsvollen erkennen. Oft werden Eltern auch sensibler für Schmerz und Trauer bei den Menschen in ihrer Umgebung und bei anderen Familien. Wir sind eher bereit und in der Lage, uns um einen Freund zu kümmern, der auf unsicherem Boden steht. Oder jemandem die Hand zu halten, dessen Kind verhaftet wurde, die Schule abgebrochen hat oder weggelaufen ist. Es ist leichter, einfach dabeizustehen und still zu sein, wenn man eine ungefähre Ahnung davon hat, was der andere gerade durchmacht.

Manche finden eine geistliche Aufgabe, indem sie Dienste in der Gemeinde übernehmen, eine Jugendgruppe leiten oder mit einigen in der Gemeinde irgendetwas unternehmen. Das sind alles geistliche Dienste, denn die Arbeit für Gott wird getan, wenn sein Geist uns dazu bewegt, uns um andere zu kümmern.

Die schlimmste Reaktion von Eltern mit rebellierenden Kindern ist es, sich zurückzuziehen und sich fortan für wertlos zu halten. Obwohl wir uns wie Versager vorkommen, ist das kein Grund, vor Gott davonzulaufen und den Dienst für ihn aufzugeben. Wir sind sehr verwundet, aber das ist für niemanden von uns ein ausreichender Grund, sich aus einem erfüllten Leben zu verabschieden.

Ein christlicher Redner, der auch viele Konferenzen leitete, sprach bei einer Tagung gleich am Anfang über seine Schwierigkeiten. Er nannte keine der spannenden Einzelheiten, aber er ließ die Konferenzteilnehmer wissen, dass seine Familie ihren Anteil an Problemen mit Kindern zu verkraften hat. Er ging sogar so weit, zuzugeben, dass es Zusammenstöße mit der Polizei gegeben hatte. Weil er von vornherein offen war, ohne zu jammern, halten viele seinen Dienst für besonders wirksam. Man hört eher auf jemanden, der die gleichen Untiefen in der Fahrrinne bewältigen musste.

Leidende Christen werden heute eher dazu ermutigt, in ihrem geistlichen Dienst zu bleiben. Wir verhalten uns häufig nicht mehr verurteilend, sonder eher anteilnehmend. Gott liebt die, deren Herz gebrochen ist und viele Mitchristen tun es auch.

In dem Film über das Leben von C. S. Lewis *(»Shadowlands«)* beschreibt der Autor den berühmten Engländer als einen Experten zum Thema Schmerz. Er hat viel geschrieben und referiert zu dem Thema, wie Gott und Leid sich zueinander verhalten. Manche seiner Freunde waren jedoch skeptisch, weil er recht wenig persönliches Leid durchmachen musste, außer dem Tod seiner Mutter. Er wusste eine Menge zu dem Thema, aber fast nichts aus eigener Erfahrung.

Schließlich heiratete Lewis eine geschiedene Amerikanerin mit zwei Söhnen. Von da an war er mit Liebe, Verlust und Schmerz engstens vertraut. Zu bald starb seine Frau an Krebs. Die Schule des Lebens lehrte ihn eine Lektion, die in keinem Textbuch steht.

Eltern mit gebrochenem Herzen lernen etwas über Gott in einer Weise, wie es anders nicht möglich wäre. Anstatt dass sich Gott und Mensch aus dem Weg gehen, umarmen sie sich oft, als gemeinsame Wanderer auf der Reise durch den Schmerz.

17. Wir haben Erfahrungen gemacht

Die Erfahrungen wiegen den Schmerz nicht auf. Eltern sind nicht froh darüber, dass ihr Kind im Gefängnis sitzt, und sie auf Grund dessen einige wertvolle Einsichten gewonnen haben. Ganz gleich, welche Tugend, welche Stärke oder welche Erkenntnisse daraus resultierten – sie würden sie mit Freuden zurückgeben, wenn sie dafür die vergangenen zehn oder fünfzehn Jahre wiederholen könnten.

So ähnlich ist es, wenn man versucht, seinen Betrieb über Wasser zu halten und dann doch Konkurs anmelden muss. Wenn alles verkauft und abgeschlossen ist, kommt vielleicht Ihr Buchhalter und erinnert Sie an die Steuerrückzahlung, die noch zu erwarten ist. Natürlich begrüßen Sie das Geld, aber es wäre Ihnen lieber gewesen, wenn Ihre Geschäfte erfolgreicher verlaufen wären.

Wir haben in unserem christlichen Leben immer wieder die Gewohnheit, nach etwas Gutem in jeder Lage zu suchen. Viele Eltern mit gebrochenem Herzen können von Segen berichten, den sie trotz aller Trauer erfuhren. Wir wollen einiges davon anschauen.

Wir lernen Bescheidenheit. In den ersten Monaten und Jahren verteidigen wir unseren Stolz und kämpfen für die Kinder, die wir lieben. Niemand wird es Eltern verübeln, wenn sie ihre Familie schützen wollen. Aber nach und nach erkennen wir, wie wenig wir die Sache tatsächlich unter Kontrolle haben. Unser Teenager verlässt die Schule, wird festgenommen, kommt ins Gefängnis, wird schwanger oder was auch immer. Im Licht der Realität wird uns klar, wie wenig wir tatsächlich beeinflussen können.

Bescheidenheit und Demut breiten sich aus. Wir erkennen, wie eng unsere Grenzen sind. Ausbildung, Erfahrung, Finanzen, geistliches Leben, gute Verbindungen, beste Absichten haben nicht den geringsten Einfluss – es gibt fast nichts, was wir tun können.

Das ist ein vernichtendes Gefühl. Es entsteht nicht sofort. Oft erst nach dem zweiten Arrest, der zweiten Autoreparatur, der zweiten Reha-Maßnahme, dem zehnten Scheck für irgendeinen Schaden. Uns wird endlich bewusst, dass wir die Situation nicht verändern können.

Wir beginnen, uns unzulänglich zu fühlen. Wir werden durch unsere Unfähigkeit, das Leben eines anderen Menschen zu verändern, gedemütigt. Unsere Begrenzungen werden uns überdeutlich bewusst. Wir stehen vor einem Scherbenhaufen und beginnen uns so anzunehmen, wie wir tatsächlich sind. »Denn ich esse Asche wie Brot und mische meinen Trank mit Tränen« (Psalm 102,10).

Wir verlieren unseren Idealismus. Elternschaft ist von Natur aus ein optimistisches Unternehmen. Ganz gleich, ob es um eigene oder adoptierte Kinder geht – wir begrüßen sie, weil wir an die Hoffnung glauben. Wir glauben an Matchbox-Autos und Dreiräder. Wir glauben an Fahrradtouren und Schulabschlüsse.

Inzwischen wissen wir, dass sich nicht alle Träume erfüllen. Wir wissen, dass es üble Wendungen geben kann. Unser verlorener Idealismus führt dazu, dass wir die Gaben und Segnungen des Lebens eher zu schätzen wissen. Sie sind nicht immer gleichmäßig verteilt, und sie erscheinen nicht automatisch.

Wir verurteilen andere nicht mehr so schnell. Wir hatten immer die passenden Antworten. Wir wussten, was andere Eltern hätten ändern müssen. Wir konnten partout nicht verstehen, warum sie nicht endlich etwas *unternahmen.*

Einige von uns waren sehr schnell mit Patentlösungen zur Hand:

- »Nimm ihm einfach die Schlüssel ab.«
- »In meinem Haus gäbe es so etwas mit Sicherheit nicht.«
- »Diesem Kind sollte man etwas Respekt beibringen.«
- »Der würde bei mir mit Hausarbeit eingedeckt werden.«
- »Die würde sich bei mir kein zweites Mal aus dem Haus schleichen.«

Jetzt wissen wir es besser. Wenn wir jetzt von Familien mit Teenagerproblemen hören, regt sich unser Mitgefühl. Manchmal versuchen wir, sie zu ermutigen, manchmal beten wir für sie, manchmal bieten wir unsere Hilfe an. Aber meistens verurteilen wir sie nicht.

Wir wissen, dass starke und böse Kräfte am Werk sind. Gott hat uns die Steine aus der Hand genommen, und wir haben kein Verlangen, mit dem Finger auf andere zu zeigen.

Wir stärken und beleben unsere Ehe. Chris und Brenda aus dem mittleren Westen sagten, das beste und das schrecklichste Jahr ihrer Ehe war das gleiche Jahr. Chris berichtet: »Ich habe zu Brenda gesagt: ›Wir wissen genau, dass Rachel nicht vor Mitternacht nach Hause kommt. Bis dahin können wir sowieso nichts unternehmen. Lass uns essen gehen und dann ins Kino. Wenn wir hier bleiben und uns sorgen, wird der Schmerz nur noch größer.«

So funktioniert das aber nicht in jedem Fall. Viele Ehepaare leben sich unter diesem Druck auseinander. Glücklicherweise stellen aber auch manche Paare fest, wie viel ihnen ihre Liebe zueinander bedeutet.

Kinder in der trotzigen Ablösephase verursachen eine unbeständige Atmosphäre in der Familie. Manchmal kommt es zu Spaltungen unter den Geschwistern oder zwischen Geschwistern und Eltern. Oft können Eltern diese emotionale Qual nicht ertragen. Wenn aber ein Paar diesen ausgedehnten Stürmen standhält, sind sie dankbar, dass ihre Liebe stärker ist als zuvor.

Erfahrungen können wie die Stränge eines Seils wirken. Unglück und Enttäuschungen können – in der richtigen Weise ins Leben einbezogen – das Seil der Liebe verstärken.

Wir hören auf, uns gegenseitig zu beschuldigen. »Weil wir seine Eltern waren, haben wir anfangs gedacht, die Gründe müssten bei uns zu finden sein«, erklärte Todd, »wir prüften uns und suchten nach Antworten. Dann kamen wir zu dem Schluss, der andere Partner müsste schuld sein.«

Unsere Gesellschaft lehrt uns seit langem, dass Kinder das Produkt ihrer Eltern sind. Wir haben gelernt, dass sowohl die guten wie die schlechten Eigenschaften direkt von ihnen kommen. Wenn wir das glauben, werden wir schließlich den Partner argwöhnisch betrachten.

»Es wurde so schlimm«, meinte Linda, »dass es mich freute, wenn jemand etwas Kritisches über meinen Mann sagte. Jemand bemerkte: ›Nun ja, Ben ist nicht sehr gesprächig,‹ und ich dachte bei mir: ›Das ist es. Wenn er mehr geredet hätte, wäre das alles nicht passiert.‹ Oder ich schob es auf seine Genügsamkeit. Ich musste Fehler bei dem armen Ben finden, damit ich nicht die ganze Schuld auf mich nehmen musste.«

In positiven Zeiten ist es einfach, die Schwächen des Partners hier und da ein wenig zu übertreiben. In Stressmomenten geschieht es dann noch häufiger, dass wir den anderen herabsetzen oder ihn sogar beschuldigen.

Damit die Ehe überlebt, achten Paare darauf, sich nicht zu beschuldigen. Sie wissen, dass ihre Beziehung zu wichtig ist, um sie aufs Spiel zu setzen.

Wir lernen, wie sich unser himmlischer Vater fühlt. Eltern bekommen einen Eindruck davon, wie begeistert Gott über seine Kinder ist. Für Eltern mit gebrochenem Herzen kommt noch etwas hinzu. Sie können nachfühlen, wie enttäuscht sich ein himmlischer Vater fühlt, dessen Kinder sich in Rebellion und Entfremdung von ihm abwenden.

Kinder, die sich abwenden, hinterlassen ein Gefühl der Leere, die durch kein Seminar, keinen Kurs oder Ähnliches gefüllt werden kann. Das kann man nur aus eigener Erfahrung erleben. Die Entfremdung geschah nicht, damit wir endlich dieses Gefühl kennen lernen. Aber weil es nun mal geschehen ist, können wir eine Gefühlsebene Gottes nachvollziehen, die uns sonst nicht zugänglich gewesen wäre.

Die Geschichte über den verlorenen Sohn zu lesen, ist nichts im Vergleich zu der wirklichen Situation, die jemand durchleben muss. Gott erlebt das täglich. Wir haben jetzt einen kleinen Teil davon erlebt, vielleicht sogar alles.

Jesus sagte: »Wie oft habe ich deine Kinder versammeln wollen, wie eine Henne ihre Küken versammelt unter ihre Flügel; und ihr habt nicht gewollt« (Matthäus 23,37).

Wir verstehen dieses Zitat jetzt – nicht mit unserem Kopf, sondern eher mit unserem Herzen. Wie gern hätten wir unser Kind in unsere liebenden Arme genommen, aber der Jugendliche lehnte es ab.

Wir können es jetzt eher nachvollziehen, wie sich unser himmlischer Vater fühlt, wenn wir uns abwenden. Wir verstehen aber auch die Freude besser, die er erlebt, wenn wir wieder näher zu ihm finden.

Wir sind toleranter. Unsere eigenen Schrammen machen uns nachsichtiger mit den Fehlern anderer Eltern. Wir sind nicht unbedingt nachsichtiger mit jungen Leuten. Viele Eltern mit schlechten Erfahrungen sind der Meinung, Eltern sollten grundsätzlich strenger mit Jugendlichen sein.

Wir wissen, wie schwierig es ist, immer konsequent zu sein. Wir wissen, wie schwer es ist, jeden Abend vier oder fünf schwerwiegende Entscheidungen zu treffen. Es ist sehr schwierig, immer wieder einem schlauen Teenager einen Schritt voraus zu sein, der Verschwörungen plant, der darauf aus ist zu täuschen, und der sowieso denkt, alle Erwachsenen sind dazu da, dass man sie hintergeht.

Wenn ein Vater oder eine Mutter zu Hause sitzt, den Kopf in die Hände gestützt, und weint, werden wir sie wahrscheinlich nicht mehr für ihr Verhalten zur Rechenschaft ziehen wollen.

Wir bekommen Unterricht in Tapferkeit. Soldaten, Missionare und Polizisten sind angeblich die Experten für Tapferkeit. Von Eltern wird Tapferkeit erwartet, wenn ihnen im Gang des Krankenhauses erklärt wird, dass ihr Kind jetzt operiert wird. Aber wir hatten keine Ahnung davon, dass Eltern tapfer sein müssen, um ans Telefon zu gehen, um ihre eigenen Kinder zur Rede zu stellen oder einfach nur, um dem nächsten Tag ins Auge zu sehen.

Ein Vater in Houston sagte: »Ich war bei einer Golfpartie am fünften Loch, als ich sah, wie ein Polizeiauto auf den Parkplatz des Clubs einbog. Mein erster Gedanke war: ›Was ist jetzt wieder passiert? Warum sollte die Polizei hier auftauchen, außer um mich zu holen, weil mein Sohn wieder in Schwierigkeiten geraten ist? Der Polizist war aber garnicht meinetwegen gekommen. Ich habe noch die ganze Runde über gezittert, auch als das Polizeiauto längst weg war. An jedem Tag musste ich wieder neu alle Kraft zusammennehmen, um ein normales Leben zu führen. An manchen Tagen hatte ich es so satt, mich mit den Unsicherheiten und den Ängsten auseinander zu setzen, aber ich musste lernen, damit zu leben.«

Tapferkeit ist nur ein allgemeines Gesprächsthema, bis wir gezwungen sind, sie in die Tat umzusetzen. Trotzige, aufmüpfige Jugendliche bringen uns dazu, uns mit »Tugenden« auseinander zu setzen, die wir lieber ignorieren würden.

Wir setzen uns mit Vergebung auseinander. Menschen mit gebrochenem Herzen werden gezwungen, mit Vergebung irgendwie klar zu kommen, obwohl es wohl nie ganz bewältigt werden kann. Wem vergeben wir? Wann vergeben wir? Wie vergeben wir jemand, der sein Verhalten nicht im Geringsten verändert hat? Vergeben wir jemand, der das gar nicht wünscht? Vergibt Gott uns auf Grund unserer Fähigkeit oder Bereitschaft, unseren eigenen Kindern zu vergeben?

Jeder ist für Vergebung. Die Grundlage unseres Glaubens sagt, dass uns vergeben wurde. Aber wenn wir uns verletzt, verraten, missbraucht und misshandelt fühlen, ist das mit der Vergebung sehr schwer – besonders, wenn die unsinnigen Aktionen sich fortsetzen.

Corrie ten Boom hat uns eine wertvolle Lektion über Vergebung hinterlassen. Sie sagte, dass sie schon im Konzentrationslager damit begann, den Aufsehern zu vergeben. Sie wartete nicht, bis sie wieder in Freiheit war, um dann rückblickend zu vergeben. Die Gnade Gottes machte es ihr möglich, den Aufsehern schon inmitten ihrer Gräueltaten zu vergeben.

Christus hat den Folterknechten schon vergeben, während sie ihn kreuzigten. Sein Beispiel setzt für uns einen äußerst hohen Maßstab. Er hilft uns auch, die Last abzuwerfen, die wir mit uns herumtragen, wenn wir nicht zur Vergebung bereit sind.

Ganz gleich, wie erfolgreich oder erfolglos wir in dieser Angelegenheit sind, wir bekommen die Gelegenheit, eine seltene Erfahrung für unser Leben zu machen.

Wir erfahren Schmerz, und haben gleichzeitig die Möglichkeit der Vergebung in unseren Händen. Wir müssen uns entscheiden, was wir damit anfangen. Ohne die erlittenen Qualen wären wir vielleicht nie in eine Situation gekommen, die uns vor solch eine bedeutende Entscheidung stellt.

Bis zu einem gewissen Maß haben uns diese trotzigen, ablehnenden Kinder zu einer wichtigen Erfahrung für unsere Seele verholfen.

Nicht, dass wir unbedingt Wert darauf gelegt hätten. Wir haben sicher auch noch nicht den besten Nutzen daraus gezogen. Aber für die Nebenergebnisse können wir dankbar sein.

Autounfälle machen uns umsichtiger. Falsche Investitionen machen uns weiser. Überdehnte Muskeln machen uns vorsichtiger. In gleicher Weise können uns aggressive Kinder stärker machen. Jeder Elternteil muss entscheiden, in welcher Weise er oder sie von diesen neu gewonnenen Eigenschaften Gebrauch machen will.

Ein Mann aus Oklahoma schrieb: »Um die Wahrheit zu sagen, verdanke ich meinem Sohn eine ganze Menge. Dafür, dass er uns soviel Schwierigkeiten gemacht hat, haben sich auch Türen geöffnet, durch die gleichzeitig Segen einströmen konnte.

Ich werde ihm das wahrscheinlich nie genau erklären können, und ich werde es auch nicht versuchen. Aber auf eine indirekte Art war er ein Segen für mein Leben. Durch ihn bin ich ein besserer Mensch geworden.

Er hat meinen Blick für andere verändert. Meine Werte sind nicht mehr die gleichen. Ich wünschte, ich hätte all das lernen können, während mit ihm noch alles in Ordnung war. Aber dieser Weg ist nicht mehr offen. Dennoch bin ich – widerwillig – dankbar für das Gute, das sein schreckliches Verhalten in meinem Leben bewirkt hat.«

18. Wenn man Rat geben könnte …

Es ist nicht leicht, einen Rat zu geben oder anzunehmen. Viele Eltern, die unter Stress stehen, versuchen ihren eigenen Weg durch das Leiden zu finden. Erst wenn der Sturm vorbei ist, wünschen sie sich, dass sie manches früher gewusst hätten.

Aber es gibt auch Ausnahmen. Manche Eltern suchen den Rat anderer betroffener Eltern und sind bereit, ihren Vorschlägen zu folgen. Ich habe Eltern mit gebrochenem Herzen gebeten, einige Ratschläge für mich aufzuschreiben.

Diese Eltern haben viel gelernt. Aus ihren Erfahrungen haben wir ein Dutzend Vorschläge gesammelt für alle, die noch am Anfang der Auseinandersetzungen stehen. Die Reihenfolge hat keinen Bezug zu der Gewichtung der Aussagen.

1. Ihr Kind sollte früh versagen. Das ist ein harter Ratschlag für Eltern, deren Vierzehnjährige gerade rebellieren. Eltern tun alles, um ihren Kindern Schmerz zu ersparen. Aber das ist häufig ein Fehler. Wenn ein Teenager etwas zerbricht, dann sollte er die Hauptverantwortung übernehmen, um es wieder in Ordnung zu bringen.

Ein Vater berichtete uns: »Ich habe schwer darum gekämpft, dass er seinen Schulabschluss schafft. Er hat getrunken, er hat den Unterricht geschwänzt, er hat Prüfungen nicht bestanden und sich insgesamt nicht um die Schule gekümmert. Wenn ich zurückschaue, muss ich sagen, dass ich die Realität verleugnet habe, indem ich ihm half und versuchte, ihm die Konsequenzen seines Fehlverhaltens zu ersparen.«

Es ist schwierig, hier richtig zu entscheiden. Manche Teenager überwinden ihre Rebellion sehr schnell. Andere fallen von einem

Problem ins nächste. Die Eltern müssen irgendwann entscheiden, wann sie das Sicherheitsnetz entfernen.

2. Harte Liebe ist nötig. Auf die Gefahr hin, dass dieser Begriff überholt ist, kann die harte Liebe manchmal nötig sein. Ein Vater sagte: »Nehmen Sie ihm den Autoschlüssel weg, ganz gleich, ob er sie deshalb hasst oder nicht. Wir hätten es viel öfter tun sollen.«

Es ist schwer, mit jemandem streng zu sein, den man liebt. Die meisten von uns denken, dass wir Liebe zurückbekommen, wenn wir Liebe geben. Wenn wir unserem Kind liebevoll begegnen und dafür Ablehnung ernten, sind wir fassungslos.

Liebe verlangt, dass wir Grenzen setzen und diese Grenzen einhalten.

»Das erste Mal, als er die ganze Nacht wegblieb«, berichtet uns eine Mutter, »habe ich ihn nur milde ermahnt. Das hat ihn nicht sonderlich beeindruckt, und ein paar Wochen später tat er es wieder. Dann sagte ich: ›Jetzt reicht es!‹, und habe eine Grenze gesetzt. Bis dahin dachte ich, wenn ich nett zu ihm bin, dann ist er auch nett zu mir.«

3. Reduzieren Sie Ihre Erwartungen. Jede Familie erwartet, dass sie eine hübsche kleine Einheit bleiben. Niemand von uns hat geplant, eine Familie zu werden wie »Ma Barker«, deren Kinder mit Banküberfällen die Gegend unsicher machten. Wir haben eine angenehme, harmonische, stets liebevolle kleine Schar geplant.

Wir müssen den Tatsachen ins Auge sehen. Wahrscheinlich wird die Hälfte unserer Kinder geschieden. Vielleicht wird eins unserer Kinder verhaftet oder es wird ungewollt schwanger, oder beides. Wahrscheinlich werden unsere Kinder irgendwann Drogen probieren. Vielleicht heiraten sie jemand, der unsere Familie ablehnt. Eine liebevolle Zwanzigjährige kann sich plötzlich verändern und ihre Familie beschuldigen, dass sie ihr Leben ruiniert hat. Vielleicht zieht ein Sohn ans andere Ende des Landes und Sie hören fünf Jahre nichts von ihm.

So etwas geschieht ständig.

Wir sollten nicht denken, dass gerade unsere Familie zu gut, zu liebevoll, zu christlich, zu gebildet, zu sehr Mittelklasse oder zu sehr sonst irgendetwas ist, als dass uns so etwas geschehen könnte. Die normale, durchschnittliche Familie hat Probleme.

Das Kind, das mit elf Jahren ein guter Schüler war und schon sehr verantwortlich gehandelt hat, kann sich später in das komplette Gegenteil verwandeln. Denken Sie immer daran: das Leben kann im Nu eine andere Richtung nehmen.

4. Leben Sie einen Tag nach dem anderen. Scheint die Sonne? Können Sie etwas mit Ihrem Mann oder mit Ihrem Kind unternehmen, woran Sie Freude hätten? Tun Sie es heute noch! Niemand kann vorhersagen, womit Sie sich möglicherweise heute Abend oder morgen befassen müssen. Leben Sie nicht ständig in Angst, sondern achten Sie darauf, das Gute in jeder Stunde des Tages zu erkennen.

Das Buch der Sprüche lehrt uns: »Rühme dich nicht des morgigen Tages; denn du weißt nicht, was der Tag bringt« (Sprüche 27, 1).

Alle Eltern, die unter Anspannung stehen, kennen die Wahrheit dieser Aussage. Jeder Tag kann Überraschungen und Enttäuschungen bringen. Leben Sie nicht verzweifelt, nach jeder Stunde hastend. Versuchen Sie, zufrieden zu sein in der Gewissheit, wie wichtig jeder einzelne Moment ist.

5. Sagen Sie deutlich, was Sie denken. Sagen Sie, was Sie meinen, und meinen Sie, was Sie sagen. Viele Eltern haben buchstäblich Angst zu reden.

- Wir wissen nicht, was wir sagen sollen.
- Wir haben Angst, dass wir zu viel sagen werden.
- Wir haben Angst, dass wir zu wenig sagen werden.
- Wir haben Angst, dass wir weinen oder schreien werden.

Wir werden verbal wie Geiseln gehalten. Das Verhalten unseres Kindes schüchtert uns derart ein, dass wir Angst haben, etwas zu sagen, was gegen uns verwendet werden könnte.

Eltern zögern oft, das zu sagen, was sie wirklich fühlen, weil sie nicht wollen, dass ihnen ihre Worte vorgehalten werden. Eltern sind vielleicht wütend, verwirrt, enttäuscht, frustriert, am Ende ihrer Kraft. Eine Mutter fühlt sich vielleicht gedemütigt, aber sie würde es nie zugeben. Viel zu oft schlucken wir unseren Frust hinunter und ergreifen nicht die Gelegenheit, unsere Gefühle auszudrücken.

Jedes Kind sollte wissen, wie sich seine Eltern fühlen. Kinder haben das Recht, etwas über die guten Gefühle zu erfahren, und ebenso haben sie ein absolutes Grundrecht, auch die schlechten Dinge zu hören.

Fangen Sie mit kleinen Portionen an. Vielleicht nur Worte oder kleine Sätze. Jeder in der Familie muss hören, welche Wirkung das Verhalten der Kinder auf Vater oder Mutter hat.

Eine typische Reaktion von Eltern, wenn die Kinder ausgezogen sind, ist häufig: Ich wünschte, ich hätte öfter und deutlicher ausgedrückt, was ich denke.

6. Sagen Sie: »Ich habe dich lieb.« Nehmen Sie Ihren ablehnenden, wütenden Teenager bei den Schultern, drehen Sie ihn herum, schauen Sie ihm in die Augen und sagen Sie: »Ich habe dich lieb und daran wird sich nichts ändern.« Vielleicht schüttelt er Sie ab und läuft davon, aber er muss es unbedingt hören. Auch wenn er auf die Situation negativ reagiert, sollten diese Worte in seinem Unterbewusstsein gespeichert werden.

Ein junger Mann kam nach Hause, nachdem er zum wiederholten Mal die ganze Nacht unterwegs war und viel getrunken hatte. Sein Vater legte die Arme um ihn und sagte: »Mein Sohn, ich hab dich lieb, und ich bin bereit, alles zu tun, damit wir dieses Problem lösen. Wir stehen das zusammen durch.«

Der Junge schüttelte ihn ab und verschwand in seinem Zimmer. Am nächsten Abend kam er zu seinem Vater und sagte: »Ich bin soweit. Ich brauche Hilfe.«

Sagen Sie den Satz – und sagen Sie ihn oft. Wenn eine Tochter kalt und distanziert ist, kann sie es nicht aushalten, wenn sich ihre Eltern genauso verhalten. Sagen Sie es auch, wenn es schmerzt. Sagen Sie es, wenn nötig, auch unter Tränen. Aber bringen Sie es hinter sich. Das ist es, was Eltern mit gebrochenem Herzen anderen Eltern immer wieder raten.

»Manchmal war es unglaublich schwer für mich, es zu sagen«, erinnert sich ein Vater aus Kansas City, »aber ich sagte es trotzdem.

Manchmal legte ich eine Nachricht auf seine Kommode oder hängte sie an seine Zimmertür. Auch wenn wir uns über alles Mögliche streiten würden, wollte ich sichergehen, dass es über meine Liebe zu ihm keine Zweifel gibt.«

Wir kommen uns manchmal dumm vor, zu jemandem zu sagen, dass wir ihn lieben, wenn wir ansonsten kein vernünftiges Wort miteinander reden können. Vielleicht lügt unsere Tochter oder sie stiehlt oder sie blamiert uns ständig oder bereitet uns auf andere Weise Kummer. Dennoch sollte sie wissen, dass wir sie lieben. Wir müssen es ihr nicht ständig sagen. Das Ganze verlangt sehr viel Fingerspitzengefühl. Aber wir müssen es oft genug sagen, damit es bemerkt wird.

»Ich sage es jedes Mal, wenn ich ihm schreibe«, erklärte eine Mutter. »Ich habe ihn schon einige Jahre lang nicht gesehen, aber ich schreibe ihm immer noch. Am Ende jedes Briefes schreibe ich: ›Denke daran, dass ich dich immer lieben werde‹, und das meine ich auch wirklich so.«

7. Zeigen Sie Ihre Zuneigung. Teenager, die gerade im Igelstadium sind, haben es nicht gerne, wenn sie umarmt werden. Es ist vielleicht äußerst schwierig, sie in den Arm zu nehmen, aber viele Eltern wünschten, sie hätten es öfter getan. Häufig werden Eltern zärtlicher zu ihren übrigen Kindern, wenn das erste Kind in Schwierigkeiten geraten ist. Sie sind dann entschlossen, wenigstens die Kinder zu umarmen, die noch zu Hause sind. Sie wünschen sich, dass auch das ablehnende Kind noch greifbar wäre für eine Umarmung. Sie erkennen ihren Mangel an Zuneigung als Fehler, und sie nehmen sich vor, diesen Fehler nicht noch einmal zu machen.

Ein älterer Junge beschwerte sich bei seinen Eltern: »Ihr liebt meine Schwestern sicher mehr als mich, nicht wahr?« Seine Schwestern waren jünger und für die Eltern noch in dem »Schmusealter«. Dieser Unterschied fiel dem Sohn auf, und offensichtlich dachte er, dass auch er noch nicht zu alt für eine gelegentliche Umarmung war.

»Mein Sohn stand in der Küchentür mit angespanntem Gesicht und hochgezogenen Schultern. Ich konnte spüren, dass er überlegte, was dran wäre: gehorchen oder eher aus der Tür laufen, um den

Abend wieder woanders zu verbringen. Ich ging zu ihm mit einem Kloß im Hals und legte meinen Arm um diesen kochenden Vulkan. Es war das Einzige, was ich tun konnte.«

Ein anderer Vater sagte: »Immer, wenn wir uns sehen, umarmt mich mein Sohn. Er sagt nicht viel, aber er umarmt mich.«

»Als er mich am letzten Morgen verließ, habe ich ihn umarmt«, erzählte eine Mutter. »Er war immer so niedergeschlagen, und die Umarmung war das Einzige, was ich tun konnte.«

8. Bedingungslose Liebe. Das ist das Ziel. Manchmal ist es nur ein entferntes Ideal.

Ein Mann war Christ geworden, nachdem er dreißig Jahre Alkoholiker war. Er war enttäuscht, dass seine Eltern ihn während seiner Zeit als Alkoholiker nicht bedingungslos geliebt hatten.

Um den Eltern gerecht zu werden, muss man bedenken, wie er sich verhalten hat. Er kam zu allen Tages- und Nachtzeiten stockbetrunken nach Hause. Der Mann stank nach Alkohol und Urin. Immer wieder übergab er sich überall im Haus und durchnässte das Bett, die Couch und die Teppiche. Sein Verhalten zerstörte die Gesundheit seiner Eltern und vertrieb seine Brüder und Schwestern.

Dieser Mann hat Autos zu Schrott gefahren, hat einen Fußgänger verletzt, wurde wiederholt festgenommen, stürzte sich in eine Ehe und wurde bald wieder geschieden. Mehrmals zog er zu Hause aus und meldete sich jahrelang nicht bei seinen Eltern.

Jahrzehnte später beschuldigte er dann seine Eltern, dass sie ihn nicht bedingungslos geliebt hatten.

Das wäre zwar schön gewesen, aber doch etwas viel verlangt. Die Frage ist nicht, können wir unsere Kinder *annehmen*, sondern eher, sind wir in der Lage, sie zu *lieben*?

Das ist eine sehr große Aufgabe. Viele Eltern hören auch unter den unmöglichsten Umständen nicht auf, ihr Kind zu lieben. Das ist natürlich der beste Weg, wenn man dazu imstande ist. Ohne Zweifel ist das die Art Liebe, die Gott für uns hat. Zweifellos würde es uns allen besser gehen, wenn wir das durchhalten könnten. Aber alle Eltern haben Verständnis für die, die es schwierig finden, diese Art von Liebe umzusetzen.

Anstatt zu verlangen, dass Eltern immer bedingungslos lieben sollten, schlagen wir vor, dass sie es wenigstens versuchen. Gott liebt uns auch, wenn wir ihn ablehnen. Gottes Liebe ist beständig, auch wenn wir uns von ihm abwenden. Dieser Art Liebe sollten wir so nahe wie möglich kommen.

Auf dieser Grundlage können wir uns auch mit bedingungsloser Liebe für unsere Kinder einsetzen. Eltern mit gebrochenem Herzen sind demütig genug, um zu wissen, wie schwierig das ist.

9. Lassen Sie zu, dass Ihr Kind Ärger und Wut ausdrückt. Zuerst sind Wutausbrüche und extremer Ärger ein Schock. Bei einigen Kindern beginnen diese Ausbrüche pünktlich mit den Teenagerjahren. Andere sind schon im Vorschulalter ständig aufsässig. Es gibt keinen magischen Zeitpunkt, ab dem Jugendliche rebellieren.

Eltern sind meistens verwirrt, wenn sie es zum ersten Mal erleben. Wie kann ihr unschuldiges Kind auf so aggressive Weise seine Gefühle ausdrücken?

Wir denken, es ist vorübergehend und wird sich bald geben. Manchmal ignorieren wir es. Zu anderen Zeiten reagieren wir mit Härte, und wollen sie zwingen, damit aufzuhören.

Unglücklicherweise hört der Terror in manchen Familien nicht auf. Er kann sogar an Intensität und Häufigkeit zunehmen. Wenn das geschieht, bekommen die Eltern oft Angst.

Erfahrene Eltern sagen uns, dass wir uns durch Wutanfälle nicht einschüchtern lassen sollen. Lasst sie toben. Eltern müssen Grenzen ziehen und Einhalt gebieten. Auch wenn die Jugendlichen deshalb toben und die Eltern ablehnen, kann man es sich nicht leisten, diese Grenzen wieder aufzuheben.

Jugendliche müssen sich aufregen dürfen, und Eltern müssen sie gewähren lassen. Die Wut kann außer Kontrolle geraten, und es kann sein, dass die Eltern Hilfe durch die Behörden brauchen. Aber die Eltern müssen auf jeden Fall fest bleiben und den Teenagern Gelegenheit geben, ihre Feindseligkeiten loszuwerden, solange sie sich nicht physisch schaden.

Es ist ein hoffnungsvolles Zeichen, wenn die Teenager sich artikulieren; das kann zu mehr Verständnis und zu Lösungen führen.

Mehr als einmal kann es geschehen, dass Eltern entscheiden müssen, ob sie ihre Schlafzimmertür verschließen oder auch nicht, um sich vor ihrem wütenden Kind zu schützen. Viele Eltern werden bis zu diesem Punkt getrieben. Wenn wir uns aber jedes Mal zurückziehen, wenn unser Kind einen Wutanfall hat, lernt dieses Kind sehr schnell, wie es seine Eltern ängstigen und kontrollieren kann.

Eltern müssen die Ruhe behalten und zusehen, wie der Jugendliche wütend ist.

10. Jugendliche dürfen nie geschlagen werden. Erwachsene, die Jugendliche schlagen, öffnen der Katastrophe Tor und Tür. Sie fordern sie heraus, entweder zurückzuschlagen oder fortzulaufen. Eine körperliche Auseinandersetzung können Eltern fast nie gewinnen. Selbst wenn sie den Kampf gewinnen würden, hätten sie ziemlich sicher den Teenager verloren.

Die Versuchung kann fast überwältigend sein, aber geben Sie ihr niemals nach. Schützen Sie sich selbst – wenn nötig, aber schlagen Sie niemals einen Jugendlichen.

11. Sprechen Sie mit anderen über die Situation. »Als Mark festgenommen wurde, ging ich am nächsten Tag in meinen Hauskreis und erklärte genau, was geschehen war. Ich konnte mich unmöglich mit dem Problem auseinander setzen und gleichzeitig versuchen, es zu vertuschen. Ich hatte einfach nicht die Energie für beides«, berichtete ein Vater.

Oft wissen andere Leute mehr über die Situation als wir Eltern. Vor allem wissen mehr Leute darüber Bescheid, als wir denken. Am besten ist es, davon auszugehen, dass jeder Bescheid weiß, und sich entsprechend zu verhalten. Das bedeutet nicht, dass wir jedem eine Erklärung schuldig sind oder Details weitergeben müssen. Es ist jedoch meistens vergebliche Mühe, ein großes Geheimnis für sich zu behalten. Denken Sie daran:

1. Sie können das Geheimnis nicht bewahren.
2. Einige Leute müssen Bescheid wissen, damit sie helfen können.
3. Sie haben Wichtigeres und Dringenderes zu tun, das Ihre volle Aufmerksamkeit braucht.

»Alles, woran ich denken konnte, war: Was ist, wenn Großmutter es herausfindet? Wenn ich alles nochmals von vorne durchmachen müsste, würde ich es ihr am ersten Tag sagen«, sagte eine Dame aus dem mittleren Westen.

12. Lernen Sie zu lachen und das Leben zu genießen. Es ist das Letzte, wonach Ihnen zumute ist, aber es ist nötig. Wenn Eltern sich zurückziehen und aufhören zu leben, wird sich die Situation noch schneller verschlechtern. Dann werden nicht nur die Eltern verletzt, sondern auch die Geschwister.

Wenn die Nacht kommt, sieht man, dass die Sterne immer da sind. Aber nur in der Dunkelheit erkennen wir ihr Leuchten. Der zerstörerische Lebensstil eines Jugendlichen kann ein oder zwei Jahre lang anhalten. Auf der anderen Seite kann er ein oder zwei Jahrzehnte andauern. Manche verändern sich vielleicht nie mehr. Wollen wir angesichts dieser Möglichkeiten tatsächlich alle glücklichen Zeiten aufgeben, nur weil unser Kind in Ablehnung zu uns lebt? Es gibt Eltern, die nie wieder lächeln. Sie haben zugelassen, dass eine schlimme Situation alles um sie herum vergiftet.

»Ich fühlte mich wie ein Militärpfarrer«, erklärte ein Vater. »Während um mich herum alles explodierte, musste ich ruhig, ausgeglichen und optimistisch bleiben. Nur auf diese Art und Weise konnte ich es aushalten.«

Wir können manche Situation nicht verändern. Wir können aus schlechten Zeiten keine guten Zeiten machen. Aber Gott hat uns die Fähigkeit gegeben, auch mitten im Schmerz Freude zu erleben. Viele Eltern wünschen sich, dass sie ein Dutzend Hinweise bekommen, wenn die Schwierigkeiten anfangen. Stattdessen müssen sie alles selbst herausfinden. Sie hoffen, dass andere von ihren Erfahrungen profitieren können.

Es gibt einen Hauptgedanken, der über allen diesen zwölf Ratschlägen steht. Sowohl die Eltern als auch die rebellischen Jugendlichen bestanden darauf, dass dieser Gedanke weitergegeben wird: *Suchen Sie die Schuld nicht nur bei sich.* Später kommen viele Jugendliche auf ihre Eltern zu und sagen ihnen, dass es nichts gegeben hätte, was sie hätten ändern können. Das Kind hat sich für die Ablehnung entschieden und war entschlossen, dass das niemand verhindern würde.

Wenn wir uns selbst beschuldigen, verletzen wir auch alle anderen Beteiligten. Während wir versuchen, Schuldige zu finden, machen wir den ganzen Prozess der Heilung schwieriger. Die Hauptfrage, die wir jetzt beantworten müssen, ist: Was geschieht als Nächstes?

19. Das Leben mit neuem Sinn füllen

Ich rief eine Bekannte an und fragte sie, ob ich für dieses Buch ein Interview mit ihr machen könnte. Ihr Sohn war jahrelang in rebellisches und zerstörerisches Verhalten verstrickt.

Sie fing an zu weinen und antwortete: »Das ist wahrscheinlich genau das, wonach ich die ganze Zeit gesucht habe. Ich bete schon jahrelang dafür, dass das alles dennoch einem bestimmten Zweck dienen könnte. Vielleicht kann Gott anderen durch dieses Buch helfen.«

Es ist typisch für Eltern mit gebrochenem Herzen, dass sie nach einem tieferen Sinn des Geschehens suchen. Die meisten wuchsen mit dem Gedanken auf, dass Gott mit allem, was ihnen begegnet, eine bestimmte Absicht verfolgt.

Deshalb meinen sie auch, dass es einen Grund geben muss, warum Gott ihren Sohn oder ihre Tochter nicht zur Umkehr bewegt hat.

Ein grauhaariger Herr berichtet: »Vor knapp zwei Jahren ist eine meiner Zwillingstöchter gestorben. Ich habe fast jeden Tag damit zugebracht, herauszufinden, was Gott damit beabsichtigt hat.«

Es ist ein gutes Zeichen, wenn ein Elternteil versucht, Gutes in dem Verlust oder der Tragödie zu entdecken. Die Frage an sich beinhaltet schon, dass der Vater oder die Mutter neuen Sinn und Struktur in sein oder ihr Leben bringen will. Sie wollen einen Weg finden, den Verlust so zu verändern, dass für sie ein Gewinn daraus werden kann. Möglicherweise wird jemand anderes eher etwas dabei gewinnen als sie selbst. Dieser Gewinn wird den Verlust niemals auslöschen oder rechtfertigen, aber es besteht die Hoffnung, dass die Katastrophe nicht völlig umsonst war. Eltern mit gebrochenem Herzen möchten auch ihren Glauben an Gott neu bestätigt sehen. Eine schreckliche Enttäuschung ist in ihr Leben eingebrochen, aber sie wollen trotz des Albtraums ihren Glauben behalten. Wenn sie Gott nach dem Sinn fragen und ihn um Leitung bitten, bestärken sie damit ihre Entscheidung, ihm nahe zu bleiben. Sinn im Leben, Bedeutung, Glaube, Treue, Vertrauen und Dienen sind Lebenskonzepte, die im Herzen und im Verstand eines Gläubigen verankert sind. Eltern erhoffen sich Trost, wenn sie diese Konzepte weiter in ihr Leben integrieren.

Die Frage nach dem Warum aufgeben

»Viel zu oft lassen wir uns herunterziehen von der Frage nach dem Warum. Die Frage ist normal, aber sie steht uns dabei im Weg, die Tatsachen zu akzeptieren und eine Perspektive für die Zukunft zu entwickeln.

- »Warum hat Gott sie zu sich genommen?«
- »Warum hat unser Sohn unsere Liebe abgelehnt?«
- »Warum hat sie ausgerechnet ihn geheiratet?«
- »Warum hat Gott meinen Sohn nicht aufgehalten?«

Gewöhnlich schauen wir in drei Richtungen, um eine Antwort auf diese Fragen zu bekommen.

- Warum hat unser Kind das getan?
- Warum haben wir nicht genug getan, um es zu verhindern?
- Warum hat Gott nicht eingegriffen?

Das ist etwa so, als wenn ein Landwirt eines Morgens entdeckt, dass eines seiner Pferde davongelaufen ist. Das Tor zur Koppel steht weit offen. Wenn der Landwirt jetzt am Zaun stehen bleibt und sich fragt, warum das Tor offen ist, vertrödelt er vermutlich seine Zeit. »Hat das Pferd herausgefunden, wie man das Tor öffnet? Habe ich das Tor offen gelassen, oder hat Gott es geöffnet?« Wie lange wird er wohl dort stehen bleiben und nach dem Warum fragen?

Die tatsächliche Antwort auf diese Frage wird wahrscheinlich nie gefunden werden. Und was würde sich verändern, wenn es auf wundersame Weise doch herauskäme? Wird das Pferd fröhlich in seine Koppel zurückkehren, wenn der Landwirt das Geheimnis gelöst hat? Die Antwort ist offensichtlich »Nein«. Die Vergangenheit wird durch keine noch so gründliche Seelenmassage korrigiert. Die einzig sinnvolle Frage, die sich stellt, nachdem das Pferd durchgebrannt ist, wäre: »Was jetzt?« Die Frage danach, warum etwas geschehen ist, kann eine Verschwendung von wertvoller und dringend nötiger Energie sein. Manchmal fragen wir auch, weil wir hoffen, die Vergangenheit noch einmal leben zu können. Manchmal tun wir es, damit wir uns nicht mit der Gegenwart auseinander setzen müssen. Und manchmal geschieht es, weil wir einfach nicht wissen, was wir sonst tun könnten. Um Trauer und Trennung zu bewältigen, müssen wir uns von der Frage nach dem Warum lösen. Nur, wenn wir bereit sind, uns mit den Tatsachen der Gegenwart zu befassen, werden wir in der Lage sein, unser Leben in den Griff zu bekommen und den Schmerz in der Familie auszuhalten.

Trennung, Verlust und Trauer sind nichts Unnormales. Es geschieht recht häufig. Unsere Situation ist in ihren Einzelheiten einmalig, aber nicht einmalig als Lebenssituation an sich. Zu bestimmten Zeiten in seinem Leben hat jeder von uns Verluste zu erleiden, und es gibt keine befriedigende Antwort auf die Frage nach dem Warum.

Ein Mann, der unter starken körperlichen Schmerzen zu leiden hatte, wurde gefragt, warum das gerade ihn träfe. »Warum *nicht* mich?«, war seine Antwort. Warum sollten Verletzungen, Krankheiten, Verluste und Schmerz ausgerechnet um uns einen Bogen machen? Gibt es einen Grund, warum Gott eine Ausnahme für uns vorgesehen hat?

Trennung ist früher oder später die normale Bestimmung jedes Menschen. Unglücklicherweise geschieht die Trennung von jungen Menschen immer zu früh.

Die Suche nach einer Anwendung

Es ist ein berechtigter Wunsch, in all den Schicksalsschlägen, die unser gebrochenes Herz verursacht haben, nach einer tieferen Bedeutung zu forschen. Unser Leben sollte Sinn und Zweck haben. Viele von uns machen den Fehler, dass sie die Tragödie selbst für »sinnvoll« halten. Die tatsächliche Bedeutung liegt aber eher in unserer *Reaktion* auf das Geschehen.

Ein fünfzehnjähriger Junge wurde durch einen Autounfall getötet. Was sollte der Tod dieses Sohnes für einen Sinn haben? Die Antwort ist: »Keinen.« Wir sollten nicht versuchen, dem Tod an sich eine wundersame Bedeutung zu geben.

Einige Leute sagen, der Junge starb, weil Gott einsam war, und mehr Engel im Himmel brauchte, oder dass Gott dem Jungen eine Lektion erteilen wollte. Andere sehen es als Strafe an, oder meinen, Gott wollte ihn vor den Härten des Lebens schützen, die ihn noch unweigerlich getroffen hätten.

Keine diese Antworten ist wirklich zufriedenstellend.

Wenn ein Teenager straffällig wird, sagen manche, dass Gott uns Geduld lehren würde oder uns auf eine schwierige Zukunft vorbereiten würde. Andere sagen, Gott testet unseren Glauben – als ob Gott es nötig hätte, unseren Sohn zu einem Bankräuber zu machen, damit wir das vervollständigen können, was wir im Religionsunterricht gelernt haben.

Keine dieser Antworten ist wirklich zufriedenstellend.

Es könnte einen bestimmten Sinn haben, dass wir durch unsere Kinder Schlimmes ertragen müssen. Der Zweck ergibt sich aus dem, wie wir mit diesen Ereignissen umgehen. Schmerz, Qual, Kummer, Katastrophen und Verluste haben keine Bedeutung. Sie bekommen Bedeutung durch unser Verhalten innerhalb dieser schrecklichen Ereignisse.

Lesen Sie diesen Abschnitt noch einmal.

Wenn die Tochter drogenabhängig wird, hat diese Abhängigkeit absolut keinen Sinn. Es ist nicht gut, dass sie Drogen genommen und ihren Geist und ihren Körper ruiniert hat. Das war furchtbar. Aber wenn ihre schrecklichen Erfahrungen dazu führen, dass wir unsere

Liebe ihr gegenüber stärker ausdrücken, dass wir eine engere Beziehung zu ihrer Schwester bekommen, oder dass wir freiwillig in einem Jugendzentrum mithelfen, dann hat diese Tragödie zu etwas Sinnvollem geführt. Viele Eltern, die schmerzliche Enttäuschungen hinnehmen müssen, suchen Trost in der berühmten Bibelstelle in Römer 8,28: »Wir wissen aber, dass denen, die Gott lieben, alle Dinge zum Besten dienen, denen, die nach seinem Ratschluss berufen sind.« Wenn man es richtig versteht, beschreibt dieser Vers unser Dilemma.

Der Vers versucht nicht, dem Leser zu versichern, dass alle Dinge gut sind. Manche Dinge sind mies, furchtbar und schrecklich. Der Schreiber Paulus versucht nicht einfach, alles im besten Licht zu sehen. Er versucht auch nicht, die Leidenden mit einer hohlen Phrase zu trösten.

Wenn schlimme Dinge in unserer Familie passieren, ist Gott bereit, diese Ereignisse in etwas zu verwandeln, das für uns alle gut ist. Gott möchte, dass wir durch den Schmerz reifen. Wenn wir im Zusammenwirken mit Gott etwas Gutes für uns erkennen können, ist es uns gelungen, eine schreckliche Situation so zu verändern, dass sie einen Zweck und eine Bedeutung bekommen hat. Wenn wir jedoch die Hände ringen und im Leiden versinken, verstärken wir den Verlust. Geistliche Reife in ihrem besten Sinn hilft uns, das Schlechte in Gutes zu verwandeln. Das ist Gottes Angebot in Römer 8,28.

Wir können nicht erwarten, dass Gott die Vergangenheit ändert. Wir wollen von Gott nicht gesagt bekommen, dass Alkoholismus, Tod oder Entfremdung eigentlich gut sind und sich nur verstellt haben. Wir werden Gott nicht darum bitten, dass wir uns über die Haftstrafe unseres Kindes freuen können. Stattdessen bitten wir Gott um Möglichkeiten, der Katastrophe in unserer Vergangenheit eine wertvolle Bedeutung für die Zukunft zu geben. Nur dann geben wir diesem Vers einen Sinn. Wir können ihn in der richtigen Weise anwenden und uns durch ihn befreien lassen. Wir suchen nach Bedeutung im Leiden. Gott aber bietet uns Bedeutung und Sinn in unserer Reaktion auf das Leiden.

Am 12. Dezember 1994 starb Theresa McGovern auf dem schneebedeckten Erdboden in Madison/Wisconsin. Im Alter von 45 Jahren hat sie den Kampf gegen den Alkohol verloren und starb an Unterkühlung. George McGovern, früherer US-Senator und demokratischer Präsidentschafts-Kandidat 1972, sprach öffentlich über seine Liebe zu dieser Tochter, die »eine besondere Freude für unsere Familie war«. Als Erwachsene hat Theresa ihrem Bekanntenkreis viel Freude gemacht und, wie ihr Vater sagte, auch ihren Eltern Gelegenheit gegeben, ihr Leiden mitzutragen. Als ich McGoverns Artikel las, konnte ich hören, wie ein Vater mit gebrochenem Herzen versucht, einer Tragödie tiefe Bedeutung zu geben. Vielleicht konnte er durch sein Bekenntnis anderen Familien helfen, die Söhne oder Töchter in einer ähnlichen Situation hatten.

Verlust hat eine Bedeutung, wenn es uns gelingt, andere damit zu berühren. Wenn wir es uns gestatten, dadurch stärker zu werden oder wenn wir neue Wege finden, um Liebe, Glaube und Mitgefühl auszudrücken. *The Compassionate Friends* (»Mitfühlende Freunde«) sind ein erstklassiges Beispiel. Die Gruppe besteht aus Eltern, die ein Kind durch den Tod verloren haben. Die Mitglieder haben sich die Aufgabe gestellt, anderen Eltern zu helfen, die ebenfalls ein Kind verloren haben. Sie unterstützen die Eltern durch Rundbriefe, eine Leihbücherei, Referenten, Gesprächsgruppen und telefonische Unterstützung. Durch etwas Schlimmes ist etwas Gutes entstanden. Das ist nicht der Grund, weshalb diese Tragödien geschehen sind. Aber es ist ein Versuch, auf die nächsthöhere Ebene zu gelangen und zu erleben, dass etwas Gutes daraus entsteht.

Wir wollen uns Zeit lassen

Nicht jeder kann all diese Gedanken entsprechend verarbeiten. Einige von uns sind für lange Zeit vollständig auf ihren Verlust fixiert. Eine Mutter verbringt vielleicht zehn Jahre damit, sich nur auf den schädlichen Lebensstil ihrer trotzigen Tochter zu konzentrieren. Sie quält sich jeden Tag mit Gedanken über die Unfähigkeit ihrer Tochter, ein »normales« Leben zu führen.

Diese Mutter ist noch nicht so weit. Sie ist noch versunken in ihrem Unglück. Würde man ihr einen Rettungsring zu werfen, würde sie ihn wahrscheinlich nicht ergreifen.

Ein Mann in Louisville besucht einmal am Tag das Grab seines Sohnes. Diesen täglichen Ausflug macht er seit fünf Jahren. Er ist noch nicht so weit. Er will nichts hören über Bedeutung, Zweck, Liebe und Gegenwart. Sein Leben hat vorerst geendet, als das Auto seines Sohnes die Mittellinie überquerte. Er ist noch nicht bereit, von dort aus neu anzufangen.

Es ist eine sehr bewusste Entscheidung, wenn man damit beginnt, nach einem neuen Sinn zu forschen. Niemandem wird es gelingen, uns unsere Trauer zu nehmen, wenn wir entschlossen sind, auf dieser Ebene zu verharren.

Für manche Eltern ist Sorge und Trauer das Einzige, was ihnen bleibt, um ihr ablehnendes, trotziges Kind zu begleiten. Der junge Mann macht keine Anstalten, sein Verhalten zu ändern, oder seine Eltern manierlich und liebevoll zu behandeln.

Den Eltern scheint es, als wäre nur noch der rebellische Teil von ihm zu ihrer Verfügung, um sich daran zu klammern. Wenn jemand von ihnen verlangt, sich zurückzuziehen und loszulassen, glauben die Eltern, dass damit der letzte Faden der Beziehung zerrissen würde. Sie glauben, ohne zu leiden würden sie auch keine Zeit mehr bei/mit ihrem Sohn haben.

Jeder von uns muss entscheiden, wann es Zeit ist, weiterzugehen. Wir müssen die Tatsache akzeptieren, dass die Suche nach dem Guten im Leben weder die Erinnerung an das Kind entweihen noch den Kontakt zu dem Außenseiter beenden wird. Unsere übrigen Beziehungen werden aber wieder gehaltvoller, wenn wir uns zum Weitergehen entschließen.

Die Botschaft ist nicht: »Vergiss dein Kind und mach einfach weiter.« Die bessere Botschaft heißt: »Sei bereit, den Schmerz als einen Teil von dir anzunehmen, wachse darüber hinaus, und verwandle ihn in etwas Gutes.«

Wir sind nicht alle öffentliche Redner, Gruppenleiter oder Schriftsteller. Das muss auch nicht sein. Die Bedeutung kann sich schon in der Weise zeigen, wie wir unsere übrigen Kinder ab jetzt behandeln. Die Beziehung zu unseren Enkelkindern kann intensiver werden. Das Gute kann entstehen, wenn sich die Liebe der Eltern zueinander erneuert.

Niemand sollte versuchen, das Gute einzuschränken, das Gott durch unsere Hingabe und Mitarbeit bewirken will. Es sollte so viele Möglichkeiten geben, neue Bedeutung ins Leben zu bringen, wie es Sterne am Himmel gibt.

Die Schlüssel dazu sind Bereitschaft und ein offenes Auge für die Gelegenheiten. Wir werden nicht zulassen, dass uns der Schmerz in die Isolation treibt. Wir werden uns entschließen, mit Gottes Gnade unsere Energien zu sammeln, und sie da zu investieren, wo sie dem Leben dienen.

Schmerz und Verlust sind nicht die größte Verschwendung, die geschehen kann. Aber die totale Leere kann entstehen, wenn Schmerz und Verlust nicht genutzt werden, um sie in etwas Gutes umzuwandeln.

Niemand sollte jedoch überrascht sein, wenn es einige Zeit dauert, bis wir damit beginnen können, unserem Verlust eine neue Bedeutung zu geben. Es braucht seine Zeit, bis wir bereit sind, das Geschehen innerlich anzunehmen. Es braucht Zeit, sich an die traurigen Tatsachen zu gewöhnen. Wir haben Wunden erlitten. Diese Wunden brauchen Hilfe und Zeit, um zu heilen. Nur wenn Heilung beginnt, werden wir auch die Gelegenheiten erkennen, die etwas Gutes bewirken können. Wir stehen nicht am Tor des Gefängnisses, des Krankenhauses oder des Friedhofs und halten eifrig Ausschau nach neuen Aufgaben. Die Verletzungen können so umfassend sein, dass wir uns nicht vorstellen können, je wieder zu vertrauen oder irgendwo mitzumachen. Aber im Lauf des Heilungsprozesses entstehen auch neue Kräfte und neue Aussichten, und wir werden es eines Tages nicht erwarten können, sie einzusetzen und auszuprobieren.

20. Marmorkuchen genügt

Ein Mensch, der jetzt unter Diabetes leidet, aß für sein Leben gern Sahnetorte. Als seine Krankheit ausbrach, war es vorbei mit seinem Lieblingskuchen. Anfangs hat er sich beklagt und versank in Selbstmitleid.

Als die Zeit verging, entdeckte man einen Zuckerersatzstoff, mit dem man sehr gut backen konnte, besonders Marmorkuchen. Der schmeckte zwar nicht so gut wie Sahnetorten, aber man konnte sich daran gewöhnen. Diesem Menschen ist heute klar, dass er wahrscheinlich nur noch sehr selten Sahnetorten wird esssen können, und das macht ihm zu schaffen. Aber er hat beschlossen, sich mit dem Marmorkuchen zu begnügen, und ihn so zu genießen, als wenn er vom besten Bäcker der Stadt käme.

Für jeden Elternteil mit gebrochenem Herzen wird die Zukunft anders aussehen. Einige werden ihr Kind niemals wieder sehen. Andere werden sich versöhnen, und die Bande werden stärker sein als zuvor. Die meisten von uns werden sich irgendwo in der Mitte wiederfinden. Die Beziehung zu unseren Kindern wird eine Mischung aus Höhen und Tiefen, aus Begeisterung und Schmerz sein. Die meisten werden lernen, den Kuchen zu essen, der ihnen vorgesetzt wird. Wir werden uns an dem freuen, was wir haben können, und aufhören, daran zu verzweifeln, was uns versagt bleibt.

Frustriert, verletzt und enttäuscht werden wir uns jetzt entschließen, weiterzumachen und all die guten Gaben anzunehmen, die Gott uns entlang des Weges gibt. Wir werden uns an jeder Art von familiärer Beziehung erfreuen, die sich ermöglichen lässt. Wir werden uns öffnen und Anteil nehmen, wenn auch nur an einem kleinen Ausschnitt. Und mit Gottes Gnade werden wir soviel wie möglich aus allem machen, was sich uns bietet.

Das Leben geht weiter. Wir lernen neue Menschen kennen, helfen da, wo wir gebraucht werden, und knüpfen neue Beziehungen. Wir werden Gott loben, ihm dienen und ihn um mehr Weisheit bitten.

Als Ergebnis eines herben Rückschlags und aus echtem Schmerz werden wir in der Lage sein, jeden neuen Tag zu bestehen. Und jeder Tag wird uns neue Befriedigung bringen, weil wir beschlossen haben, ihn so gut wie möglich zu nutzen.

Sich anderen mitteilen

Wenn uns Tragödien begegnen, finden wir die Kraft zum Weiterleben oft durch die Begegnung mit anderen, die ebenfalls leiden. Millionen von Eltern wurde ihr Herz gebrochen. Die Mehrheit behält ihre Geschichte für sich und erfährt niemals Hilfe.

Wenn mehr von uns es wagen würden, anderen etwas von ihren Erfahrungen mitzuteilen, könnte eine große Last von vielen Eltern genommen werden.

Es ist nicht leicht, über so ein Thema zu sprechen. Hier geht es nicht um Angeln, Fußball oder Handarbeiten. Es gibt Risiken, und es werden Qualen offenbart. Wir haben Verständnis, wenn jemand zögert, seine Probleme an die Öffentlichkeit zu bringen.

Aber durch Mit-Teilung geschieht Heilung. Ebenso durch das Zuhören. Wo immer zwei Menschen einander zuhören und sich mitteilen, haben sie die Chance, ihre Verwundungen in den Griff zubekommen.

Suchen Sie nach einer Möglichkeit, Ihren Schmerz herauszulassen. Wenn Sie ihn ausdrücken können, verliert er an Schärfe und wird schwächer. Für den, der redet ebenso wie für den Zuhörer.

Geistliche Stärke bekommen

Die alttestamentlichen Propheten warteten auf einen Messias, der schließlich kommen würde, »die zerbrochenen Herzen zu verbinden« (Jesaja 61, 1). Jesus sagte uns, dass diese Vorhersage nun erfüllt sei (Lukas 4, 16-21). Bis zum heutigen Tag ist der Trost ein bedeutender Teil des Dienstes, den Jesus uns anbietet.

Diese Einladung umfasst auch Eltern, die Leiden schon in ihrer Ursprungsfamilie erlebt haben. Zunehmend erkennen wir unser Bedürfnis nach geistlicher Vollmacht, während wir unseren Lebensweg beschreiten. Diese Kraft können wir durch Jesus Christus und den Heiligen Geist in Zeiten schrecklicher Prüfungen bekommen.

Das geistliche Leben verschafft uns

- ein Gefühl der Zugehörigkeit;
- eine Macht, die von außen wirkt;
- das Wissen, dass jemand über uns wacht, der stärker ist als wir selbst;
- einen Geist der Vergebung;
- einen weiteren Horizont;
- eine tolerante Einstellung;
- ein sinnvolles Leben;
- einen Gesprächspartner;
- stille Momente der Leitung;
- Mut, um über den Dingen zu stehen;
- und vieles andere mehr.

Geistliche Kraft ist mehr als ein Schlagwort, und viele professionelle Berater haben das eingesehen. Wirkliche geistliche Stärke sagt uns, dass wir Marmorkuchen genießen können wie die erlesenste Delikatesse, wenn Sahnetorte außerhalb unserer Reichweite liegt. Wir müssen uns auf das konzentrieren, was wir haben, anstatt zu verzweifeln über dem, was wir nicht haben können.

Dankbarkeit hilft uns, morgens aufzustehen und uns dem Tag zu stellen mit aller Güte, allen Herausforderungen und Gaben. Wir können Gott für jeden Sonnenstrahl danken, den er uns über den Weg schickt.